《石嘴山农村经济发展调研报告(2023)》编写人员

主　　编：王晓斌

副 主 编：李　莉　陈志远　董明华

编写人员(按姓氏笔画排序)：

丁　丽　丁静红　王荣辉　王惠军　宁　涛　孙云霞

田　帅　田慧珺　刘　茜　刘　斌　吕筱恺　杜立业

李　虹　高全伟　陈志宏　陈淑娟　雍文龙

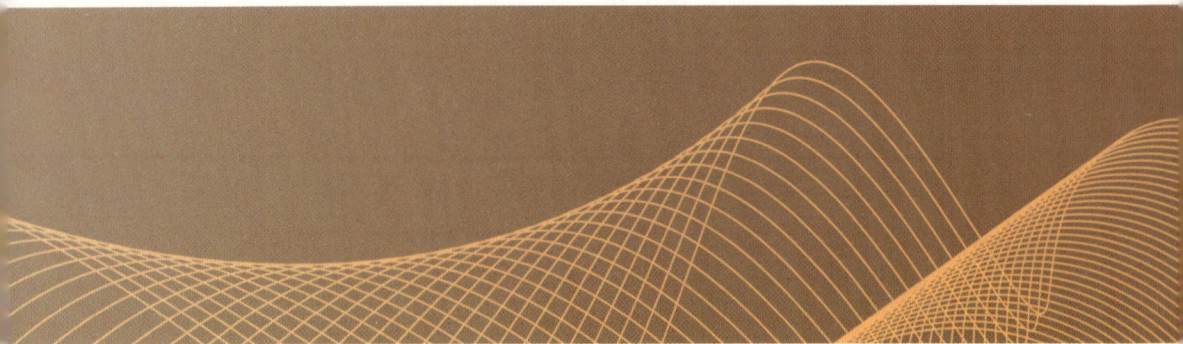

2023

石嘴山农村经济发展
调研报告

王晓斌◎主编

黄河出版传媒集团
阳光出版社

图书在版编目（CIP）数据

石嘴山农村经济发展调研报告. 2023 / 王晓斌主编.
银川：阳光出版社，2024.5. -- ISBN 978-7-5525
-7378-7

I. F327.433

中国国家版本馆CIP数据核字第202490DP85号

石嘴山农村经济发展调研报告（2023）　　　　　　　　　　王晓斌　主编

责任编辑　林　薇
封面设计　方　勇
责任印制　岳建宁

黄河出版传媒集团
阳　光　出　版　社　出版发行

出 版 人　薛文斌
地　　址　宁夏银川市北京东路139号出版大厦（750001）
网　　址　http://www.ygchbs.com
网上书店　http://shop129132959.taobao.com
电子信箱　yangguangchubanshe@163.com
邮购电话　0951-5014139
经　　销　全国新华书店
印刷装订　宁夏报业传媒集团印刷有限公司
印刷委托书号　（宁）0030318

开　　本　787mm×1092mm　1/16
印　　张　11
字　　数　200千字
版　　次　2024年5月第1版
印　　次　2024年5月第1次
书　　号　ISBN　978-7-5525-7378-7
定　　价　68.00元

序

　　近年来,石嘴山市委、市政府坚持以习近平新时代中国特色社会主义思想为指导,深入贯彻落实习近平总书记视察宁夏重要讲话指示批示精神,坚持稳中求进工作总基调,以建设乡村全面振兴样板区示范市为目标,坚持"三农"工作重中之重地位不动摇,以改革为动力,大力发展"六特"产业,全市农业农村经济持续健康发展。2022年,全市粮食产量达到50万吨以上,实现"十九连丰";农村居民人均可支配收入达到19465元,绝对值居全区五市首位。这些成绩的取得,得益于中央和自治区强农惠农政策的支持,得益于全市广大农业农村干部勇于探索创新和对政策的准确把握。

　　调查研究是谋事之基、成事之道。"十四五"时期是中国经济社会发展的重要转折时期,也是实现全面建成小康社会目标后向全面建成社会主义现代化强国迈进的承上启下的关键时期。在这一时期,中国农村发展面临新形势、新挑战,迫切需要加快转变农业发展方式,迫切需要通过调查研究把握事物的本质和规律,找到破解难题的办法和路径。通过问计于基层、问计于群众、问计于实践,找到破解农业农村发展的突破口,是一件极具意义的事情。

　　近年来,紧紧围绕石嘴山现代农业发展面临的问题和挑战,我们深入基层组织开展了一系列农业农村重大课题调查研究工作,编辑出版《石嘴山农村经济发展调研报告(2023)》,集中呈现工作成效,展示经验成果,记录改革事件,对石嘴山市推进乡村全面振兴具有一定的参考价值,为石嘴山市委、市政府决策发挥了重要的参谋作用。

　　在党中央号召全党大兴调查研究之际,我们聚焦农民群众反映强烈的热点难点问题,以及粮食安全、产业发展、乡村建设、乡村治理、农村改革、农民增收等方面的短板弱项，继续广泛开展农业和农村经济调查研究工作，确定了农产品加工、农村集体经济、农村文旅融合、新型农业经营主体培育等方面调研课题。经过各方的共同努力，现将调研报告精选编印成书，我们衷心希望，本书能够成为农业农村一线工作者的实用指南，理论研究工作者的参考文献，同时为关心支持农业农村经济发展的各界人士提供参考。

王晓斌

2023 年 12 月 8 日

目录

❖ 农村改革篇

乡村振兴篇

找准路径 真抓实干
谱写全面推进乡村振兴石嘴山新篇章

党的二十大报告指出,加快建设农业强国,扎实推动乡村产业、人才、文化、生态、组织振兴。这是党中央立足全面建成社会主义现代化强国作出的重大战略部署,对全面推进乡村振兴提出了明确要求,为新时代新征程"三农"工作指明了主攻方向,我们必须深刻领会党中央这一战略部署,锚定建设农业强国目标,全面推进乡村振兴,为加快推进农业农村现代化作出新的贡献。

一、抓好"头等大事",夯实粮食安全根基

无农不稳,无粮则乱。习近平总书记深刻指出,保障粮食和重要农产品稳定安全供给始终是建设农业强国的头等大事,反复强调要确保"中国人的饭碗任何时候都要牢牢端在自己手中,饭碗主要装中国粮"。"头等大事"必须头等重视、头等抓实。坚决完成粮食生产任务,落实好品种和种植模式,最大限度挖掘

撂荒地、间套作潜力，及时兑付各类农业补贴资金，保障实际种粮农民收益。大力推广"粮豆、粮油、粮饲、粮菜"等"一年两熟"技术模式，开展复合种植、春小麦轮作，前茬稳粮，后茬增草、增菜，从而达到增效目标。抓住建设全域高标准农田示范区和全国现代高效节水农业示范区机遇，坚持量质并重、用养结合，新建和改造高标准农田，发展高效节水农业。持续开展盐碱地改良，实施好2023年石嘴山市燕子墩乡外西河村现代高效节水农业及盐碱地改良等项目，不断提升耕地质量。加强农技推广服务，加大新技术新品种推广应用，集成推广测土配方施肥、水肥一体化等高产高效技术，提高粮食单产，坚持增产、减损两端发力，保障粮食总产。

二、突出"重中之重"，走产业融合发展之路

习近平总书记指出，产业振兴是乡村振兴的重中之重，也是实际工作的切入点。各地推动产业振兴，要把"土特产"这3个字琢磨透。当前我市乡村产业已经基本解决了"有没有"的问题，但很多仍停留在初级阶段，发展水平较低，"好不好"的问题亟待破解。坚持"稳粮、增菜、优瓜、促经、兴渔、强牧"的产业发展思路，不断推动乡村产业全链条升级，推进乡村一二三产业融合发展。在内培外引上持续用力，强龙头、补链条、兴业态，深化与先正达、百果园等龙头企业务实合作，加快发展设施农业，大力培育市级以上农业产业化龙头企业，着力打造平罗优质奶源生产基地、大武口富硒优质果蔬基地，壮大惠农绿色农产品加工产业园。做优做特富硒农产品，做强做亮"珍硒石嘴山"品牌，着力构建具有石嘴山特色的"公用品牌+自主品牌"体系，提升品牌溢价能力和农业经营效益，让好品牌卖出好价格。

三、用好"关键利器"，走改革创新引领之路

科技是第一生产力，改革是根本动力。习近平总书记指出，建设农业强国，利器在科技，关键靠改革。无论抓科技、还是搞改革，归根到底在创新。推进农业科技创新，深入实施种业振兴行动，围绕粮食和特色产业，突破发展一批绿色优质新品种，办好第十届宁夏种业博览会，建强国家区域性蔬菜良种繁育基地；加快建立肉牛、肉羊良种繁育体系，大力引进荷斯坦奶牛、西门塔尔牛、湖羊等名优品种，确保主要农作物良种覆盖率达到97%以上，奶牛良种化率稳定在100%，肉牛、肉羊良种覆盖率均达到90%以上。深化农村综合改革，围绕处理好农民和土地的关系这条改革主线，抓好平罗土地承包期再延长30年国家级试点和宅基地所有权、资格权、使用权"三权分置"改革试点，继续开展农村闲置

宅基地和住宅盘活利用试点,巩固提升农村集体产权制度改革成果。以扶持壮大村级集体经济项目为主抓手,大力培育多元化新型农业经营主体,加快健全农业社会化服务体系,推动传统农业向集约化、规模化的现代农业发展。

四、围绕"中心任务",走联农带农富农之路

习近平总书记强调,巩固拓展脱贫攻坚成果是全面推进乡村振兴的底线任务。要坚持把增加农民收入作为"三农"工作的中心任务,千方百计拓宽农民增收致富渠道。聚焦"两个高于"目标,在防变量、挖增量、扩总量上下功夫,完善联农带农机制,发展富民产业、抓好稳岗就业、盘活资源资产、落实惠农政策,着力增加"四项收入",建立农业同统计、调查部门联席会议制度,科学监测农民收入,及时调整用好增收致富政策和措施,让群众的腰包"鼓起来"。巩固拓展脱贫攻坚成果,做好脱贫不稳定户、边缘易致贫户、突发严重困难户等低收入人口动态监测和精准帮扶,落实产业、就业、医疗、教育、兜底等帮扶措施。全力抓好产业、就业和社会融入三件事,精准落实星海镇、红崖子乡和隆惠、海燕、庙庙湖等村镇脱贫群众稳定增收项目,鼓励发展庭院经济,开展"订单式、定向式、定岗式"培训,增强脱贫群众内生动力,实现脱贫人口户均就业1.5人以上。

五、聚焦"宜居宜业",走建设和美乡村之路

习近平总书记强调,农村现代化是建设农业强国的内在要求和必要条件,建设宜居宜业和美乡村是农业强国的应有之义。加快实施乡村建设、农村人居环境整治"两项行动",补短板强基础,提高公共服务水平。创建塞上乡村乐园示范县、乡、村,新编"多规合一"实用性村庄规划89个,探索国有企业参与乡村建设的新路径,着力打造中心村10个,加快建设通伏乡新丰村、陶乐镇王家庄村、灵沙乡灵沙村、红果子镇五渠村4个"大庄点"。扎实开展"一改三治",统筹推进厕所革命和农村污水、农村垃圾、村容村貌持续提升,下大力气整治交通主干道路沿线"脏乱差"问题,落实"红黑榜"评选公示等检查、评比、晾晒制度,打造干净整洁有序宜居宜业和美乡村。

(撰稿:王晓斌)

石嘴山市农民增收调研报告

近年来,石嘴山市认真贯彻习近平总书记关于"三农"工作的重要论述和视察宁夏重要讲话指示批示精神,全面落实区、市党委和政府工作部署,大力发展"六特"产业,深化农业农村改革,加快推进乡村全面振兴样板市建设,带动农民收入持续较快增长。近期,我局对石嘴山市农民增收情况开展调研,现将有关情况报告如下。

一、总体情况

2018年以来,石嘴山市农村居民人均可支配收入稳步增长。全市农村居民人均可支配收入由2018年的14000元增加到2022年的19465元,增加了5465元,增长了39%,收入绝对值和绝对值增量位列全区第一,绝对值分别比银川、吴忠、中卫、固原4市高116元、2085元、5263.7元、5067元;移民人均可支配收入从2018年的6733元提高到2022年的10971元,增加了4238元,增长了63%,高于全市农村居民人均可支配收入24个百分点。全市农民增收工作取得了一定成绩。

(一)农业生产条件明显改善。把加快构建现代农业生产体系作为实现农民持续增收的重要保障。深入实施"藏粮于地、藏粮于技"战略,切实加强耕地保护,充分挖掘盐碱地综合利用潜力,加快高标准农田和高效节水农业建设,稳步拓展农业生产空间,2019年以来累计建成高标准农田47.83万亩(含高效节水14.29万亩),耕地质量得到大幅提升,粮食亩产量提升了3个百分点。加快实施创新驱动发展战略,加大农业领域科技型中小企业培育,推广农业主导品种142个、主推技术104项、绿色技术9项,主要农作物耕种收综合机械化水平达到86%以上,全市主要农作物良种覆盖率达到96%以上,主推技术到位率达到90%以上,科技进步贡献率逐年提高。全市农业生产条件的改善和农业科技水平的提升,为农民增收奠定了坚实基础。

(二)新型经营主体联农带农成效明显。把培育新型农业经营主体作为带动农民增收致富的有力抓手。持续支持农民合作社、家庭农场、社会化服务组织和龙头企业等新型农业经营主体发展壮大,建立农业经营主体利益联结,形成"公司+合作社+农户""公司+订单农业+农户""公司+村集体+基地+农户"等多种利益联结模式,鼓励经营主体发展多种形式的适度规模经营,规模经营效益明显增强。2018年以来,累计培育农业经营主体1791个,其中农产品加工企业222家、农民专业合作社981家、家庭农场457家、社会化服务组织131家,年均解决5.6万农村居民就业,人均增收1.88万元。

(三)农业有效投资不断扩大。把扩大农业投资作为推动农业高质量发展、带动农民快速增收的重要引擎。对标实施乡村振兴战略,健全投入机制,拓宽投资渠道,统筹西部大开发、新增地方债、山水林田湖草沙等各类涉农资金,加大农村人居环境整治、特色优势产业发展、高标准农田建设等重点领域资金争取力度,2018年以来,累计争取资金28亿元,其中2022年争取各类资金7.8亿元,为历年来最高。加强招商引资,优化投资环境,形成了政府投资引导撬动、金融机构大力支持、民间资本广泛参与的良好格局。全市农业投资由2018年的9.2亿元增长到2022年的15.6亿元,第一产业固定资产投资呈两位数增长,全市固定资产投资占比由2018年的3.9%增长到了2022年的7.8%。农业有效投资持续扩大,为促进农民增收和维护经济社会稳定提供坚实支撑。

(四)农民务工就业渠道有效拓宽。把抓好农民务工就业作为农村居民收入的重要渠道。以实施就业优先战略为抓手,加大农民创业扶持力度,增加就地就近就业岗位,扩大转移就业规模。健全低收入人群"一户一档"就业制度,针对性开展农民教育培训,推动移民等农村低收入群体充分就业。全市提供就业岗位由2018年的3.5万个提高到了2022年的4.2万个,其中移民就业1.8万人,户均就业达到1.6人以上。全市农民工资性收入由2018年的5165元增长到2022年的6982元,增长1817元,年均增长率10.6%。

(五)农业产业结构进一步优化。把抓好产业发展就业作为农村居民收入的主要来源。以实施乡村产业振兴为统领,优化调整农业种养结构,狠抓基地建设、精深加工、品质提升、品牌打造和市场开拓,建成规模化奶牛场32个,肉牛肉羊"出户入园"标准化养殖园区22个,新增设施温棚0.5万亩,标准化设施温棚达到2.3万亩,新增设施渔业28.2万 m^2,农业特色产业促农增收效果更加凸显。全市农林牧渔业总产值80.5亿元,较2018年增长19.6亿元,农业占比下降11%,牧业占比增长了13%,渔业占比增长1%,第一产业结构更趋优化,畜牧业成为农民经营净收入快速增长的重要因素。全市农民经营净收入由2018年的6394元增长到2022年的9828元，增长3434元，年均增长率15.4%。

農業产值 ■林业产值 ■牧业产值 ■渔业产值 ■农林牧渔服务业产值

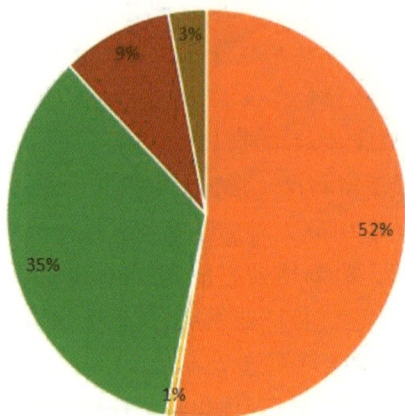

2022年石嘴山市农林牧渔业总产值构成情况

（六）农村改革持续深化。把推动农村改革作为农民收入的重要组成部分。持续深化农村土地"三权分置"制度改革，加快农村土地流转；因地制宜盘活农村闲置宅基地和闲置农房，增加农民财产性收入；实施中央、自治区扶持壮大村级集体经济项目158个，鼓励村集体积极探索形成特色产业带动、租赁经济发展、村企合作经营等6种集体发展模式，涌现出了东永固村、小店子村等一批产业"明星村"，让更多农民分享改革红利。全市土地流转面积累计达到72万亩，年均发放土地承包费3亿元以上；收储整治1497宗闲置房地，腾退建设用地近5000亩；村集体经营性收入10万元以上的村达92%，40个村集体实现分红。全市农民财产净收入稳定在200~400元之间。

（七）惠农补贴政策落实到位。把落实惠民惠农政策作为农民收入增长的稳定剂。建立农村居民基础养老金和退休人员养老金正常调整机制，通过不断提高最低生活保障标准、残疾人护理及生活补贴标准、失业保险待遇等一系列措施，提高政策兜底保障力度。在积极落实中央、自治区各项政策措施的基础上，我市出台了奶产业稳定发展、肉牛肉羊补栏、麦后复种、农产品促消费等各类补贴政策，发放各类补贴资金1000万元以上，实现线上线下农产品销售5亿元以上。全市农民转移净收入由2018年的2016元增长到2022年的2387元，增长371元，年均增长率5.8%。

二、存在问题

2018—2022年,石嘴山市农民收入结构发生了较大变化,工资性收入和经营净收入占农民收入比重大幅上升,转移净收入占比有所上升,财产净收入呈下降趋势。具体存在以下问题。

(一)低收入群体过大影响整体增收水平。全市农村低收入群体主要以政策兜底保障人群和生态移民为主,占全市农村人口近50%。其中,纳入政策兜底保障1.6万人,约占全市农村人口的8%,生态移民8.2万人,约占全市农村人口的41%。社会保障人群多为高龄老人、病残群体等,无法务工就业;生态移民主要分布在陶乐镇、红崖子乡、星海镇、海燕村等地,由于种植经验不足,土地多数流转由企业经营,收入主要以务工为主。2022年,全市农村居民可支配收入高出移民可支配收入8000多元,大量的低收入群体较大程度上影响了全市农民增收。

(二)工资性收入增长乏力。2018—2022年,全市农民工资性收入分别占农民收入36.9%、36.5%、34.4%、35.6%、35.9%,农民工资性收入虽逐年上升,但是受就业环境影响,农民工资性收入增长趋于疲软。五年来,全市农民工资性收入年均增长率10.6%,低于银川市2个百分点,在2019年以后,增长速度与银川、吴忠甚至是全国其他地方的差距逐步拉大。一是传统工业吸纳就业能力下降。全市农村劳动力转移就业以工业企业为主,随着全市传统煤化工等高耗能产业转型升级,全市工业企业减停产超过60%,对工人技能要求不高的就业岗位大幅减少。全市用工供求不平衡,同时大部分农民工技能水平无法适应企业的用工需求,招工难和就业难并存。二是服务业带动转移就业贡献较低。2022年全市第三产业增加值仅占全区12.17%,低于银川市41.25个百分点,吸纳就业人数较多的住宿餐饮、商贸流通、家政服务等行业发展水平不高,第三产业仅占农村劳动力转移就业的32%,薪资水平普遍较低,月均工资3000元左右。三是农村产业“空心化”影响农民就近务工。我市城镇化率达79.55%,远高于全国和全区平均水平,留守村民多为老弱人群,外出务工困难,就近就地务工意愿较强。调研发现,惠农区路家营村联农带农效果显著,通过招引5家企业落地投资,以村企联建带动就业模式,吸纳全村近200个剩余劳动力就地务工,全村人均可支配收入大幅提升,2022年达21600元。相反,全市还有80%以上的行政村缺少支柱产业和带动力强的企业,村民务工以季节性和“候鸟式”为主,农民就地就近务工渠道不多,工资性收入持续增长存在困难。

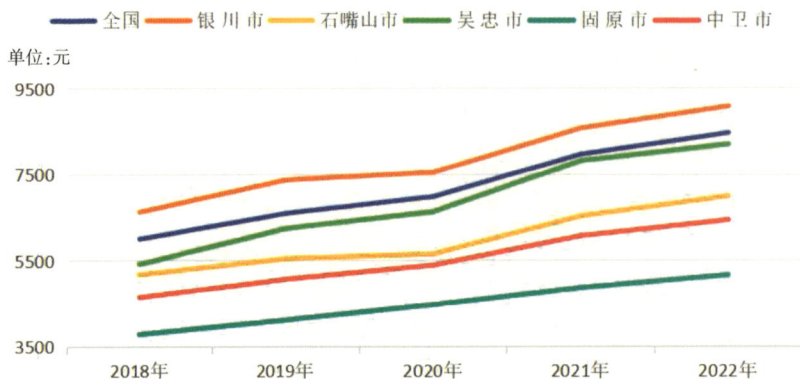

全国　银川市　石嘴山市　吴忠市　固原市　中卫市

单位:元

2018—2022年农村居民工资性收入对比图

（三）经营净收入增长后劲不足。2018—2022年,石嘴山市农民经营净收入分别占农民收入45.7%、46.6%、50.3%、50.5%、50.5%,农民经营净收入绝对值虽然远高于全国和全区四市平均水平,但是经营收入增长空间有待提高,全市较其他地市还存在土地规模小、水资源短缺、品牌价值不高、联农带农机制不健全等问题,一定程度上制约了农民经营净收入持续快速增长。一是耕地质量不高。全市耕地总面积167.19万亩,在全区五市中耕地面积最小,且耕地地力等级不佳,盐渍化耕地占全市耕地总面积的72.16%,占全区盐渍化耕地面积近30%,农作物种植效益低,粮食单产478公斤/亩,比川区整体亩产水平低68公斤。二是水资源紧缺。全市位于青铜峡灌区末梢,灌溉水资源比较紧缺,冬灌用水和麦后复种用水保障不足,目前发展高效节水灌溉面积28.2万亩,覆盖率不到20%,低于引黄灌区平均水平,农田建设自动化、精细化和智能化水平不高。三是品牌附加值低。全市缺少叫得响的"宁字号""原字号""老字号"产品,现有的富硒大米、简泉甜瓜、惠农枸杞、沙漠西瓜等农产品,与泾源黄牛肉、盐池滩羊、中宁枸杞、中卫硒砂瓜等品牌相比,影响力弱,附加值低。例如:全市牛羊肉价格比盐池滩羊肉、泾源黄牛肉低30%~60%,惠农枸杞、沙漠西瓜等品牌价值均低于中卫市,奶产业没有"夏进""金河"等高端乳制品品牌支撑。四是联农带农能力不足。全市农产品加工企业数量较少,仅占全区的10%左右,全区国家级农业产业化重点龙头企业27家(银川市12家,中卫市8家,固原市3家,吴忠市3家,农垦集团1家),全市没有国家级龙头企业,自治区级龙头企业也仅占全区15%,龙头企业与农户现有的利益联结机制大多是松散型和半紧密型利益联结机制,部分企业建设的生产基地与专业合作社或农户没有形成联农带农利益联结。

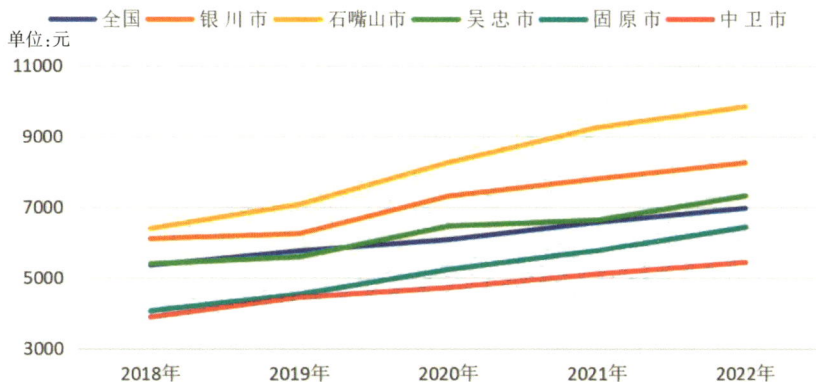

2018—2022年农村居民经营性收入对比图

（四）财产净收入波动性下降。2018—2022年，石嘴山市农民财产净收入分别占农民收入3.0%、2.5%、2.4%、1.4%、1.4%，在"四项"收入中占比最低，处于下降趋势，2021年后下降幅度超过50%，分别低于银川市和全国平均水平，中卫市和固原市已接近全市平均水平。一是农村土地房产等资源变现能力弱。我市农村产权流转交易中以农村土地承包经营权流转交易为主，农村其他产权市场交易量较低，变现能力较弱；我市与银川市、中卫市相比，休闲农业与乡村旅游发展活力明显不足，农村大量闲置房地产资源没有得到有效盘活利用，农户在房屋租赁、休闲民宿等方面获利不大。二是农民获得集体收益较低。我市195个农村集体经济组织整体经济实力不强，70%以上村集体没有实现向股民分红，村集体经济对农民增收贡献较低。三是土地租金增长空间不大。全市农村

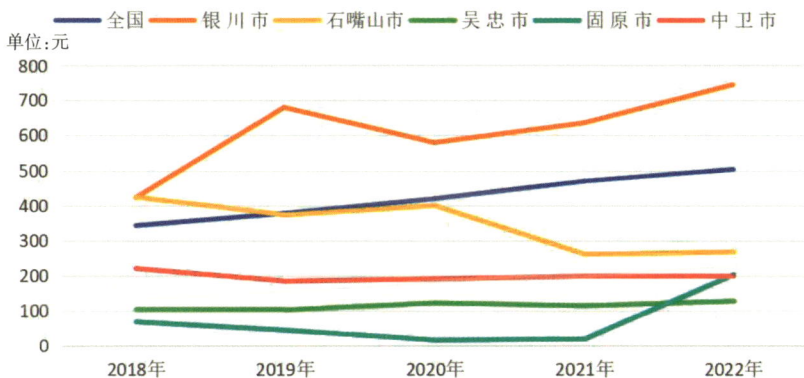

2018—2022年农村居民财产性收入对比图

土地流转面积72万亩,涉及农户4.69万户,土地流转平均价格750元/亩,最高价格亩均1 200元左右,已达到峰值,农户土地流转费用上涨空间不大。

(五)转移净收入增速放缓。2018—2022年,石嘴山市农民转移净收入分别占农民收入14.4%、14.4%、12.9%、12.4%、12.3%,由2018年的2016元增长到2022年的2387元,总体呈缓慢上升趋势,但远低于全国平均水平(2022年为4207元),但2020年被固原市反超,2022年中卫市已接近全市平均水平,转移净收入进一步增长困难。一是惠民政策拉动力下降。全市农村居民转移净收入对政策性依赖较大,随着全国各项惠民政策的补贴标准和范围逐步统一,与其他地市相比,政策效应对农村居民收入增长的拉动点已失去提升空间,转移性净收入持续增长压力增大。二是政策资金扶持力度不够。随着"两个高于"目标的提出,中央、自治区乡村振兴衔接资金向固原市、吴忠市、中卫市9个重点贫困县倾斜,全市历年争取资金均位列全区末位,2019—2022年分别占全区资金总量的3.8%、2.5%、3.9%、5.5%,而固原市、吴忠市、中卫市年均争取资金约占40%、30%、20%左右。

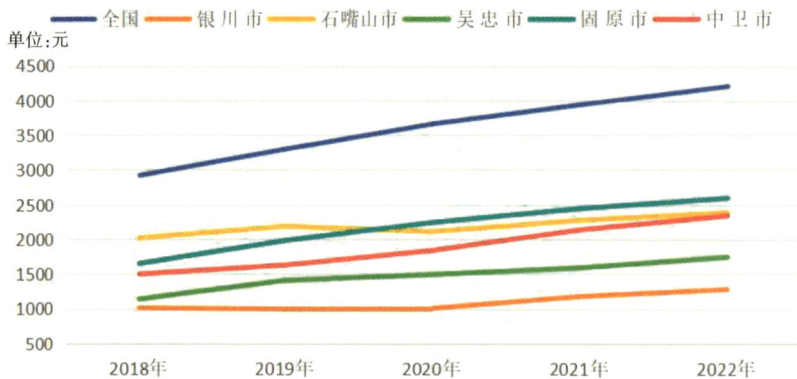

2018—2022年农村居民转移收入对比图

三、下一步工作计划

(一)发展目标。2024—2027年,全市农村居民人均可支配收入绝对值在全区排名保持前两位,年均增速7.8%,分别达到22620元、24384元、26286元、28337元。[测算依据:以2018年为基点,选取与全市水平接近的银川市和增长势头强劲的吴忠市农民收入平均增长率相比较,确定我市收入增速。从吴忠市来看,近五年吴忠市农民收入平均增速为9.5%(我市平均增速为8.5%),如果吴忠市按照9.5%的平均增速测算,到2027年,该市农民人均可支配收入达27360

元;从银川市来看,近五年银川市农民收入平均增速为7.9%,到2027年,该市农民人均可支配收入达28298元。要实现全市农民收入绝对值与银川市持平、持续高于吴忠市,全市农民收入年均增速需达到7.8%以上。]

到2027年目标:农村劳动力转移就业年均达到3.8万人以上,工资收入占农村居民可支配收入比重达到45%以上。全市粮食和特色产业产值占农业总产值的比重达到80%以上,特色产业收入占农民收入比重达到40%以上。

(二)具体工作措施。按照市委、市政府部署要求,坚持以农民增收为中心任务,大力实施农村居民收入提升行动,千方百计促进农民富裕富足。

1.完善工作体制机制,形成促农增收合力。一是建立市县、乡、村四级联动机制。把促进农民增收工作纳入重要工作来抓,建立"四级书记亲自抓、专班专人具体抓、部门属地双责任、镇村两级抓落实"的四级联动机制,形成一级抓一级、层层抓落实的工作氛围,明确具体责任,切实将农村居民增收工作抓紧抓实抓出成效。二是建立联席会商机制。加强市县农业农村、统计、调查、民政、人社等部门沟通协商,于每年2月、5月、8月、11月召开农民收入季度联席会议,加强监测预警,科学研判分析,实现信息共享,针对性制定增收措施。三是落实联农带农机制。深入挖掘一批联农带农典型案例和先进模式,全方位宣传报道促进农民增收的新举措、新成效、新经验,营造带农增收的良好氛围。

2.拓宽务工就业渠道,提高工资性收入。2024年,力争工资性收入占农村居民可支配收入比重达到40%以上。一是落实就业优先政策。探索利用"政银担""政银保""宁科贷"等融资担保方式,召开政银企对接会4次,为100家农村创新创业主体和科技型中小企业提供融资贷款18亿元以上。二是加大农民技能培训。围绕精细化工基地、牛奶养殖基地、工业园区等重点企业开展订单式培训,为企业输送化验员、电工、电焊工、挤奶工等技术人员,开展补贴性职业技能培训5000人次以上;抓好高素质农民培训,提高农民种植养殖水平,完成高素质农民培训1200人次以上。三是大力发展乡村产业。聚焦人口聚集度较高的重点乡镇村,大力发展农产品加工、乡村旅游、家政服务、健康养老等劳动密集型产业,为大龄、残疾、低保及农村脱贫劳动力新增就业岗位2000个以上。四是培育壮大劳务中介组织。加快培育就业帮扶车间、家庭农场等经营主体,扩大就地就近转移就业和灵活就业,开展劳务经纪人能力提升培训120人,全年农村劳动力转移就业3.6万人以上。五是持续开展清理拖欠农民工工资专项整治。督促企业诚信履约、守法经营,从源头上预防和治理拖欠农民工工资问题,拖欠农民工工资案件办结率达98%以上。

3.提升农业生产能力,增加经营净收入。2024年,力争全市特色产业产值占农业总产值的比重达到75%以上,特色产业收入占农民收入比重达到30%以上。一是实施特色农业提质计划。重点推进奶产业,提升财硕乳制品生产能力,力促宁夏牧伦河乳业落地投产,加快奶产业科技创新孵化中心等3个重点项目建设,年度投资3亿元以上;加快推进"出户入园",建设红翔新村等10个肉牛肉羊标准化养殖园区,年度投资0.5亿元以上,支持开发黄渠桥羊羔肉等特色预制菜,提高石嘴山市牛羊肉的市场竞争力。支持冷凉蔬菜发展,打造华泰农龙头企业联农带农机制模式试点5个;加快石嘴山市现代设施种植产业园区、宝丰村菌菇产业园等20个标准化设施项目建设,投资2亿元以上。二是强化品牌引领。推进农业标准化建设。巩固提升24个农业标准化生产基地,支持盈丰、灏瀚等农业经营主体与农户建立利益联结共同体;依托新百、百果园、海亮等平台,打造提升富硒雪花牛肉、石嘴山菌菇等品牌影响力。三是全面提升耕地质量。统筹荒漠化治理、黄河"几字弯"工程等项目,推动盐碱地综合利用,用好盐碱地独特资源,大力发展沙漠瓜菜、"三零"技术等绿色种植业,南京智循环、众森渔农等绿色生态水产业,打响盐碱地品牌。加快实施高标准农田和高效节水灌溉工程,建立信息化、数字化、智能化管理平台,全年建设高标准农田和高效节水农业10万亩以上。

4.持续深化农村改革,挖掘财产净收入。2024年,力争全市财产净收入占农民可支配收入的比重达2.5%以上。一是推进农村宅基地"三权分置"。落实宅基地所有权,保障农户资格权,放活宅基地使用权,支持银河村、东永固村、金堂桥村等村通过自主经营、合作经营、委托经营等方式,发展农产品加工、餐饮民宿、教育培训、乡村旅游等新产业新业态,让农村闲置的宅基地和闲置住宅成为农民增收的新资源。二是加快"一块田"改革。通过调整互换、有偿返租、股份合作等方式,推动土地集中连片,引进宁夏农垦、北大荒集团等农业企业,实现集约化、规模化管理,有效提升土地价值。三是实施好平罗县农村产权流转交易规范化国家试点。探索建立现代农村产权交易体系的具体路径,推进全市农村产权流转交易市场规范化建设,促进农业生产要素合理流动和优化配置,农村产权流转交易额达到100亿元。四是加大新型农业经营主体培育。按照新型农业经营主体规模,实行A、B、C、D四级分级管理,培育市级示范性家庭农场、农民合作社、农业产业化龙头企业30家。五是持续壮大村集体经济。积极探索特色产业型、项目带动型、融合发展型等农村集体经济发展模式,支持20个村发展壮大村集体经济;制定村集体经济考核评估办法,对195个村集体经济发展考核评估全覆盖。

5.落实强农惠农政策,保障转移净收入。2024年,力争全市转移净收入占农民可支配收入的比重达13.5%以上。一是强化资金争取。紧盯中央、自治区财政支农、乡村振兴衔接资金,积极对接自治区相关厅局,加大已谋划的234个乡村振兴衔接项目和43个财政支农项目争取力度,力争全年争取各类支农惠农资金增长2%以上。及时发放粮食直补、农机补贴、耕地地力保护补贴等补贴资金,定期对县区资金落实情况进行检查和通报。二是建立低保、特困人员供养标准自然增长机制。加强低收入家庭、生活困难群众住房、医疗、就业等基本生活救助,与医保、保险公司、民政等部门建立信息共享机制。三是坚持"一户一策"原则。持续巩固拓展脱贫攻坚成果,紧盯脱贫不稳定户、边缘易致贫户、突发严重困难户等农村"三类群体",建立健全监测、帮扶、责任、考核"四项机制",常态化开展防止返贫动态监测和帮扶工作,促进脱贫群众收入水平稳步提升,力争脱贫人口可支配收入增长10%以上。

(三)意见建议

1.关于建立健全绩效评价机制的意见建议。近年来,中央、区、市、县投入大量乡村振兴衔接资金、壮大村集体资金支持农业产业发展,建设了大量的温室大棚、养殖圈舍。但从产业发展情况来看,项目建设完成后发挥的经济效益、联农带农作用不够明显,如设施温室建设费用每座棚28万~42万元,设计使用寿命为20年,建设完成后部分闲置,部分以每座棚5000~10000元的价格租赁给企业或农户使用,产生的效益远低于建设预期。为此建议建立健全绩效评价机制,对使用各类政府投入资金的项目运营情况每年进行评价,及时提醒村集体组织运营发挥好村集体资产。

2.关于促进农产品加工业发展的建议。一是扩大农产品加工园区建设。我市已建成绿色农产品加工园区4个,入园发展农产品加工企业达72家以上,目前园区整体趋于饱和。为持续发挥园区联农带农、促农增收效益,建议加大农产品加工园区扩建力度,持续改善园区道路、上下水等基础设施,指导县区出台园区发展规划,为企业发展提供公共服务平台。二是支持龙头企业做大做强,补齐产业链短板。全市现有市级以上龙头企业96家,2022年实现销售39亿元,带动5.2万户实现增收,龙头企业依旧是解决农民就业、助农增收的重要主体,因此,建议加大龙头企业支持力度,鼓励引进先进技术、工艺、装备等,提升农产品附加值;同时加快引进伊利乳制品加工等重点龙头企业,着力补齐奶产业链短的问题。三是出台农产品加工业支持政策。支持聚集度高、有条件的村镇大力发展农产品加工业,鼓励大型农产品加工企业扩大发展规模,提供更多就业渠道,让农民实现就近务工。

3.关于深入推进农村改革的建议。一是加大新型经营主体培育。家庭农场和农民专业合作社具有培育门槛低、抵御市场风险能力强的优势,家庭农场年收入在20万元以上,能有效促进规模化、集约化、机械化生产,助于农村剩余劳动力向二三产业转移;农民专业合作社能有效解决小农户和大市场之间的矛盾,能从生产到销售环节全方位保障农民自身利益。因此,建议加大家庭农场和农民专业合作社培育力度,促进农民增收。二是推进宅基地制度改革。按照"提升富裕村、壮大一般村、扶持薄弱村、消除空壳村"的发展思路,针对性开展宅基地改革,特别是薄弱村和空心村,通过公开拍卖、租赁、合作等多种方式进行盘活。三是推广承包地入股模式。全市人均耕地4亩左右,通过土地流转的方式对农民来说受益不大,建议加大推广小店子村"土地入股""保底收益+二次分红"模式,鼓励农民将土地入股给合作社、家庭农场、龙头企业等经营主体,提高农民收入的同时,进一步释放了土地潜力。

4.关于鼓励发展农村二三产业的建议。大力发展以农产品加工业为重点的农村第二产业和休闲旅游农业等农村第三产业,是新形势下扩大农民就业、增加农民收入的重要渠道,是统筹推进工业化、城镇化和农业现代化的必然要求。当前,全市休闲农业企业仅有81家,全国级旅游重点村也仅有1个,农产品加工企业仅占全市经营主体的11%。因此,建议加大小作坊、小商店、小餐馆、传统手工艺、旅游公司等符合乡镇发展实际的个体经营户培育力度,不断发展新业态、新模式,激发农村内生动力,提升农村核心竞争力和综合服务能力,让"小商铺"撬动"大发展"。

5.关于持续巩固脱贫攻坚成果的建议。全市政策兜底保障人群和生态移民等低收入群体占有较大比重,如何提升这部分人群收入水平是我市农民持续增收的关键。一是大力发展移民致富产业。因地制宜、因势利导推动移民村发展特色产业,实施"一乡一业"计划,打造食用菌、沙漠瓜菜、肉牛肉羊等特色品牌,鼓励农户发展小种植、小养殖、小田园、小加工、小商贸、小民宿等庭院经济。二是促进创业就业。建立"一户一档"就业台账,根据劳动力身体状况、年龄、务工需求进行摸底分类,精准开展订单式、定向式、定岗式技能培训;持续推进21个扶贫车间发展,把扶贫车间作为带动移民就业、促进移民持续稳定增收的有效载体,有效解决脱贫人口就近就业和增收致富的问题,加大扶贫车间运营管理,加大督导检查力度,助推扶贫车间持续健康发展。

（撰稿:高全伟）

"党建+业务"融合　助力高质量发展

　　乡村振兴，产业是基础，壮大村集体经济是关键，农业经营主体"唱主角"。近年来，石嘴山市农村经济发展服务中心党支部立足自身政治优势、组织优势以及党员干部的业务优势，充分发挥党支部的示范引领作用，大胆突破，突出特色，助推农产品加工业、休闲农业和乡村旅游、农业经营主体、农业特色品牌等高质量发展取得明显成效。

　　一、聚焦"快"字，做强农产品加工业

　　坚持党建引领，党员带头，引导农产品加工企业积极争取农产品加工装备改造升级项目，实施农产品加工企业星级评定，加快推进惠农区绿色农产品加工科技园区、平罗县轻工园区、通伏大米加工园区和绿色农产品加工流通产业园区提升改造，加快提升企业科技实力。截至2022年，全市三星级以上绿色食品加工企业达到20家，全市4个绿色食品加工园区已入驻72家企业，绿色食品加工业产值达到45.8亿元，同比增长36.7%，农产品加工转化率达72%。

　　二、聚焦"融"字，做精休闲旅游

　　坚持党建与休闲农业融合，在惠农区银河村打造"初心引航、兴农建功"党建品牌创建示范点，着力推进农业与文化、旅游等产业深度融合。指导休闲农业企业积极争取休闲农庄改造提升项目，进一步推动休闲农业提档升级。鼓励休闲农业和乡村旅游主体利用五一、六一、七夕、十一等节假日，举办具有当地特色的休闲农业旅游文化节活动，以丰富当地群众的精神生活，不断提升休闲农业和乡村旅游主体的知名度和村民参与美丽新农村建设的积极性，"带火"休闲农业和乡村旅游业。指导休闲农业和乡村旅游主体积极申报全国休闲农业与乡村旅游星级企业、全国乡村旅游重点村等,推动发展休闲农业和乡村旅游的积极性。截至2022年,龙泉村、马家湾村、东永固村3个村荣获中国美丽休闲乡村称号;龙泉村、银河村、黄渠桥村、马家湾村、六顷地村、西永惠村6个村荣获全国乡村旅游重点村称号;乐海山、方歌农庄、嘉禾花语被评为"全国休闲农业与乡村旅游四星级企业";八顷村、六顷地村、常青村、西永惠村、东永固村、简泉村、银河村、马家湾村、黄渠桥村、龙泉村10个村荣获宁夏特色旅游村镇称号。2022年,全市休闲农业企业接待游客68万人次,实现经营收入1.73亿元。

三、聚焦"选"字,做大经营主体

通过"以选代促",打造党建引领新型经营主体正向发展机制。组织实施新型农业经营主体高质量发展。对接服务试点项目,推动试点经营主体运行管理更趋规范,基础设施装备持续提升,产业标准化水平明显提升,产品品牌不断塑强,联农带农富农能力显著提高。2019年(含)以前被评定的65家自治区级农民合作社示范社中取消了24家、55家四星级家庭农场中取消了17家,进一步规范经营主体发展质量。在全市开展市级示范性家庭农场、农民合作社及农业社会化服务组织认定工作,截至目前,全市市级以上示范性家庭农场99家,其中,自治区级四星级示范家庭农场46家;市级以上示范性农民合作社107家,其中,自治区级37家、国家级18家;市级以上农业社会化服务组织48家。通过正向引导,全市新型农业经营主体的发展质量不断提升。

四、聚焦"展"字,做响特色品牌

发挥基层党组织核心作用,组织党员干部常态化研判产业发展动向,紧跟市场走向,树牢品牌意识,聚焦葡萄酒、枸杞、牛羊肉等"六特"产业,打造了"珍硒石嘴山"等品质过硬、特色突出、竞争力强的区域公用品牌,带动发展了"贺东庄园"葡萄酒、"伊源牧场"牛羊肉等140余种促进产业高质量发展的企业品牌

和产品品牌，全市"两品一标"农产品达到45个；积极引导企业以会展为抓手加快助力品牌宣传，组织宝丰牛羊等绿色食品企业参加宁夏品质中国行、第十八届中国（深圳）国际文化产业博览交易会等农产品宣传推介活动，帮助企业"走出去"抢占市场；在市中心打造了集展示、销售、电商和品牌宣传为一体的"珍硒石嘴山"特色农产品展示展销中心，筑牢本地优势特色农产品的品牌价值；利用抖音、快手等网络平台提高宣传力度，逐步引导企业在抖音、快手平台开展联动直播，进一步拓展我市优势特色农产品的销售渠道。

五、聚焦"稳"字，做深农村改革

发挥党员的引领作用，坚持"稳字当头、稳中求进"，认真做好统筹协调，指导平罗县稳步开展集成农村改革试验试点，有序推进二轮土地承包到期后延包30年试点，稳妥实施"一块田"改革试点。党支部充分发挥组织领导作用，组织村"领头雁"外出参加壮大村集体经济培训班，学习先进经验，不断提升村两委班子整体素质和工作能力；持续实施壮大村集体经济项目。目前，全市已实施中央、自治区、扶持发展壮大村集体经济项目173个，实施市级财政扶持村级集体经济项目21个，实施项目村集体覆盖率达到88.2%，项目年均净收益1 384.7万元，全市年经营性收入10万元以上的村达179个，村集体经济逐步从单一走向多元，夯实了村级组织自我"充电"和"造血"功能，为乡村振兴奠定了坚实的经济基础。

六、聚焦"引"字，做好金融服务

发挥党支部的组织协调作用，协调邮储银行等金融机构加大对农业经营主体的支持力度，引导县区健全农村产权流转交易市场体系，拓展农村产权抵押贷款。发挥政策优势，持续推进政策性农业保险扩面提速，引导各类主体积极参保,帮助经营主体和农民减少农业投资风险。

七、聚焦"好"字,做优信息宣传

积极发挥党组织的宣传导向作用,党员干部带头下企业、下农村深挖各类素材,认真提炼总结,将好信息及时向上推送。2022年,共有79篇(次)信息被《中国食品报》《宁夏日报》、自治区农业农村厅、石嘴山市委及政府、宁夏乡村振兴、宁夏经济等各类媒体采用,通过及时宣传报道,为广大服务对象开通了一扇了解农业农村工作的大门,也为各级领导了解基层工作提供了信息渠道。

(撰稿:丁静红)

石嘴山市"农文旅"深度融合发展绘就乡村休闲旅游新画卷

近年来，石嘴山市立足资源禀赋，积极拓展农业多种发展模式，加快推动乡村休闲旅游与农业、文化、教育、康养等产业深度融合，全力打造沿贺兰山东麓、沙湖、星海湖和黄河金岸等乡村休闲旅游圈，全市乡村休闲旅游业蓬勃发展，呈现出"产业规模扩大、供给结构优化、发展质量提升、领域功能拓展"的良好态势。截至目前，全市正常经营的休闲农业经营主体68家（农家乐35家，休闲农庄33家），其中全国五星级休闲农业经营主体4家，全国四星级休闲农业经营主体7家，自治区四星级休闲农业经营主体3家，三星级休闲农业经营主体9家，获评中国美丽休闲乡村3个，全国乡村旅游重点村6个，宁夏特色旅游村镇10个，创建自治区级休闲农业示范点13家，宁夏十大旅游特色农家乐2家。

一、发展现状

（一）产业规模不断扩大。目前，全市乡村休闲旅游已从零星分布向集群分布转变，空间布局从城市郊区和景区周边向更多适宜发展的区域拓展。休闲农业从业人员达1000余人，年人均纯收入2.5万元以上。2022年，全市休闲农业与乡村旅游接待区内外游客68万人次，营业总收入1.73亿元，乡村休闲旅游业已成为带动农村经济发展的新引擎。

（二）业态类型不断丰富。一是以"农家乐"和美丽乡村为主的休闲旅游，主要集中在城市郊区，以提供食宿、游乐、采摘、购物为主，如龙泉山庄、贺东庄园、大地天香等。二是以自然景观、特色风貌和人文环境为主的生态旅游，主要集中在景区周边,提供农家饭菜、宿营房屋、农事体验等服务,如庙庙湖、银河湾、拉巴湖等。三是以田园景观、健康养生为主的休闲旅游,主要集中在气候宜人、资源独特、农业生产集中连片的区域,提供食宿、康养、保健等服务,如龙泉村、蕾牧高科、硒有田园等。

(三)产业内涵不断拓展。由原来单纯的休闲旅游,逐步拓展到文化传承、涵养生态、农业科普等多个方面,更加注重开发宜居宜业和美乡村的农业农村潜在资源和价值,开发鼓励村民就近参与农业拓展生产,吸引飞走的"凤凰"回乡创业,逐步形成"农业+文旅+产业"深度融合,为产业兴旺注入新活力。

(四)精品线路亮点纷呈。依托自然地理位置优势,将散落的乡村旅游景点串成整条旅游线路,成功打造出沿山(贺兰山)、沿路(109国道)、沿河(黄河)三条风格不同、景色各异的美丽乡村休闲旅游行精品线路。其中,以"山水相依·乡美村韵"为主题的沿山精品路线,2021年代表宁夏参加了在重庆市奉节县举办的中国美丽乡村休闲旅游行(春季)推介活动,通过网络电视向全国人民推介,得到了组委会评委的一致好评。

二、主要做法

(一)坚持项目带动,不断改造提升农庄档次。2022年争取农业多功能拓展项目,支持乐海山、碧草洲、开元等休闲农业经营主体实施了民宿改造、娱乐设施建设、环境绿化美化等项目。2023年继续以项目为抓手,实施休闲农业和乡村旅游提升工程,带动休闲农业稳步发展,共谋划实施休闲农业重点项目15个,全年计划总投资7320万元,项目已全部开工;争取自治区休闲农庄改造提升工程项目3个,支持兴建特色餐饮、特色民宿、购物、休闲娱乐等配套服务设施,不断完善基础设施,切实推进设施设备提档升级,提高产业融合的综合效益。

(二)加大支持引导,不断丰富节会活动内容。指导云乐、吴家园子等18家休闲农业经营主体积极申报自治区级休闲农业与乡村旅游星级创建。支持鼓励休闲农业经营主体举办各类节庆活动。

截至目前，先后举办"我的家乡我的节"惠农区第六届银河湾燎疳节、龙泉村第一届桃花节、平罗县庙庙湖旅游开发有限公司第三届大漠桃花节等休闲农业节会6场次，全市一季度休闲农业和乡村旅游接待游客35万余人次，实现收入23万余元、同比增长10.9%。

（三）精心策划组织，不断加大宣传推介力度。鼓励休闲农业经营主体积极参加自治区农业农村厅举办的"乡味宁夏"微视频摄影大赛，连续两届共有19个企业的作品获奖，获奖作品发布在"乡味宁夏"等多个公众号平台上，点赞量破万；参加了自治区农业农村厅在闽宁镇、吴忠市举办的两届宁夏美丽乡村休闲旅游行精品线路推介活动，向区内外推介了我市精品旅游线路；通过线上在全区举办的2022全国美丽休闲农业与乡村旅游行（夏季）精品景点推介活动中，石嘴山市大武口区龙泉村作为推介活动观摩点之一，进行了视频录制和采访，人民网人民视频、中国休闲农业公众号等中央新闻媒体进行了直播和宣传，全面展示了石嘴山市农村发展新面貌，石嘴山乡村旅游精品景点影响力和辨识度进一步提升。

三、存在的问题

（一）配套设施不够完善。经营者管理意识薄弱，配套服务设施不够完善，乡村住宿、餐饮、购物、娱乐等配套设施条件相对落后，无法满足不同层次游客的需求。

（二）旅游项目缺乏创新。休闲旅游项目大多仍停留在最初的田园观光、瓜果采摘和条件较为简陋的餐饮服务上，导致游客的体验感较差。文化品位不高，缺少差异化的产品，同质化问题比较突出。

（三）营销宣传力度不足。部分休闲农业经营主体缺乏营销宣传意识、互联网宣传营销方式单一、宣传手段创新不足，外界对石嘴山休闲农业与乡村旅游的了解不多，对当地民风特色、人文历史、生态环境的认识不足，群众知晓度低。

（四）服务质量有待提升。乡村休闲农庄大部分以农村家庭经营为主，从业者文化水平和综合素养较低，缺少系统的专业服务技能培训，导致服务水平不能满足乡村休闲旅游高质量发展要求。

四、对策及建议

（一）完善配套设施，推进基础设施设备提档升级。以项目为支撑，谋划实施休闲农庄改造提升项目，着力在休闲农业经营场地、接待设施、安全管理、环境卫生、服务质量、特色项目等各个方面进行综合治理（包括清晰的交通指示牌、分布合理的公厕和垃圾桶、热情周到的服务、消费产品的明码标价),不断完善配套设施,切实推进休闲农庄乃至休闲农业与乡村旅游景点设施设备提档升级。

(二)开发特色项目,推动乡村旅游产业融合发展。依据消费者差异化、多元化的消费需求,发挥休闲农业的多功能性和乡村旅游示范区的带头作用,拓宽农耕体验、文化休闲、民宿康养、田园养生、研学科普等独具特色的休闲农业与乡村旅游项目,打造一批特色鲜明、富有吸引力的民俗村、特色民宿、旅游新村。同时,开展葫芦雕刻、剪纸、稻艺编织、玫瑰饼制作等特色手工艺体验,结合文化创意,打造具有地域和文化特色的农副产品和民间工艺品、旅游伴手礼,通过让利优惠吸引消费者购买,从而延长农业产业链和价值链,有效推动农业与旅游、教育、康养等产业的融合发展。

(三)加大宣传力度,提升乡村旅游品牌知名度。实施"互联网+旅游"行动计划,鼓励发展乡村旅游产品电子商务,线上营销和线下体验一体化经营模式,提高在线营销能力。支持休闲农业企业利用各种节假日,举办形式多样、风格迥异的农事节庆活动、创意休闲农业设计大赛,打造一批区域特色鲜明、文化底蕴深厚、乡土气息浓郁的休闲农业与乡村旅游精品景点路线,加强与美团、携程网等平台合作,在宣传中加入产品价格、项目内容、地方节庆活动、景点路线等信息,让游客一目了然;依托广播、电视、报刊、微信公众号、抖音等多平台进行宣传推介,不断扩大我市乡村旅游精品景点影响力,提升乡村旅游品牌知名度和辨识度。

(四)完善管理体系,保障乡村旅游业持续发展。根据从业人员的实际情况,将现代企业管理理念与以人为本的服务理念充分运用到休闲农业与乡村旅游经营管理中。邀请高校旅游专业团队到乡村对从业人员进行专业知识和技能培训,提升服务水平和从业人员整体素质。针对接受能力弱的乡村居民,可通过广播、墙报等手段进行培育。引导经营主体不断完善休闲农业与乡村旅游管理规范服务流程,明确管理职责,让游客充分体验宾至如归的感受,保障休闲农业与乡村旅游的持续健康发展。

(撰稿:王荣辉、李莉、孙云霞)

培育农业"小主体"　促进乡村"大振兴"

近年来，石嘴山市把培育新型农业经营主体作为带动群众增收致富、促进农村发展的有力抓手，通过确权登记"赋能"、盘活资源"用能"、金融服务"蓄能"等一系列举措，全市新型经营主体发展呈现稳步上升的态势。截至目前，全市各类农业经营主体发展到1789个，其中农产品加工企业204家、农民专业合作社981家、家庭农场457家、社会化服务组织147家，各新型农业经营主体通过土地流转、订单收购等合作形式，解决5.6万农村居民就业，人均增收1.88万元。

一、主要做法及成效

（一）构建产业"磁能"，加强农业经营主体利益联结。大力推广订单收购、股份合作等利益联结模式，推动涉农企业打造经济利益联合体，中粮、沙湖食品等企业积极探索与农产品原料生产基地的联结模式，在明确保底价回收的基础上，采取定向供种、定向投入、定向服务、定向收购等方式同基地农户紧密合作，形成"公司+农户""公司+中介组织+农户"等多种形式的经济共同体，助力乡村产业振兴。围绕技术指导、农资超市、测土配方、统防统治、农机作业、信息服务"六大功能"，全市各类社会化服务组织为农民提供了产前、产中、产后全过程综合配套服务，每年玉米、小麦作业服务面积40万亩，农作物耕种收综合机械化水平达92%，综合服务率达80%以上。

（二）确权登记"赋能"，推动农业经营主体规模经营。率先完成农村土地承包经营权确权登记颁证工作，创新性为农户和经营主体颁发集体荒地承包经营权、农村土地流转经营权、设施农业用地使用权、集体经营性建设用地不动产权等权证，全市农村产权确权登记颁证范围已扩大至13项，为各类农业经营主体流转交易农村产权提供了法律保障，实现了农民集体、承包农户、新型农业经营主体对土地权利的共享，全市各类经营主体通过土地流转、托管、代耕代种、联耕联种等多种形式的适度规模经营，土地流转面积达到72.14万亩，规模经营效益明显增强。石嘴山市明龙农机作业公司通过土地流转、代耕代种等方式为农户提供服务,积累了丰富的农业社会化服务经验,服务主体涉及新疆、山东等地,2021年获评全国农业社会化服务创新试点组织。

农村集体产权制度改革试点推进会

(三)盘活资源"用能",保障农业经营主体用地空间。稳慎推进农村宅基地制度改革、加快农村闲置房地盘活利用、推动农村集体经营性建设用地入市交易,累计腾退闲置建设用地5000多亩,腾退土地通过农村集体经营性建设用地入市的方式转让(出租)给新型农业经营主体,解决了经营主体发展用地难问题。平罗县宏翔家庭农场紧抓农村改革机遇,以农村集体经营性建设用地入市的方式,获得西永惠村2.91亩闲置建设用地50年的使用权,先后建设晒场、仓储大棚,购置大中型农机具,经营范围由单一种植实现向订单农业、社会化服务等多领域拓展。

(四)示范创建"强能",推动农业经营主体争创一流。着力抓好新型农业经营主体典型示范,着力提升农业产业化龙头企业、示范性家庭农场和农民合作社辐射带动作用。截至目前,新认定市级农业产业化龙头企业25家,全市市级以上农业产业化龙头企业达96家,培育市级以上示范性家庭农场99家、市级以上示范性农民合作社107家(其中,自治区级示范性农民合作社37家,国家级示范性农民合作社18家)。打造"珍硒石嘴山"区域公用品牌,创建"贺东庄园"葡

萄酒、"伊源牧场"牛羊肉等特色农产品品牌147个,培育平罗沙漠西瓜等农产品地理标志认证9个、"嘉禾花语"玫瑰花蕾茶等绿色食品标志28个、"八大庄"鲜食葡萄等有机产品标志8个,全市"两品一标"农产品达到45个,为助推农业转型升级、农产品提质增效提供了强有力支撑。

(五)金融服务"蓄能",拓宽农业经营主体融资渠道。制定《农村产权抵押贷款管理暂行办法》,赋予土地承包经营权、林权等9项抵押融资权能,加大银企对接力度,先后与石嘴山银行、邮政储蓄银行、黄河农村商业银行、中国银行、

平罗县信贷保险上门集中办理

中国农业银行等6家金融机构签订了《金融支持"三农"服务合作协议》，设立农村产权抵押贷款风险防范基金，加快推动"土地贷""大棚贷""农机贷"等金融产品创新，开展"订单农业+保险+期货+融资"试点，满足各类新型农业经营主体融资需求。截至目前，全市累计办理农村各类产权抵押贷款2.8万笔18.4亿元，为农户和农业新型经营主体提供了有力的金融支撑。

二、存在问题

（一）发展规模不大。全市农产品加工企业数量较少，仅占全区的10%左右，还没有一家国家级龙头企业，经营主体农产品精深加工水平不高，产品附加值偏低。合作社和家庭农场结构单一、管理粗放、经营能力不强，参与发展能力差。

（二）融资渠道狭窄。全市各类农业经营主体每年贷款资金需求量约为10亿元以上，每年从正常渠道贷款额度约为3亿元，还有7亿元的资金缺口，农村金融产品和贷款抵押方式少，农业主体融资渠道窄、融资难、融资贵问题依然突出。

（三）缺乏人才支撑。新型农业经营主体领办人和负责人本身素质不高，尽管大部分领办人都是从事农业生产多年的"老手"，实践经验丰富，但受年龄、学历、理念等因素影响，其文化水平、管理能力普遍较低，知识结构单一，经营理念落后，难以适应市场经济的需要。

三、对策建议

（一）着力优化体系，夯实新型经营主体发展基础。立足资源禀赋，坚持市场导向，围绕"六特"产业，推行由龙头企业、农民专业合作社制定产业标准化生产技术规程，促进农产品按标生产、上市、流通。推动各类生产要素与农产品生产、加工、销售有机融合，调优、调高、调精农业产业结构，加快农业组织方式、生产方式、经营方式转变。加快推进农产品储藏、保鲜、烘干等初加工设施建设，支持农业企业、专业合作社建设具有仓储、加工、包装、配送等功能的田头冷链中心。鼓励企业和合作社兼并重组、做大做强，支持新型农业经营主体发展农民合作社联合社，开展农产品加工流通、直供直销等综合性经营活动，形成完整产业链。加快推进农业与旅游、教育、文化、康养等产业深度融合,实现农业从生产向生态生活、从物质向精神文化功能拓展。实施"互联网+现代农业"行动,推进现代信息技术应用于农业生产、经营、管理和服务,鼓励发展农业生产租赁业务,积极探索农产品个性化定制服务、会展农业、众筹农业等新型业态。

(二)创新融合机制,激发新型经营主体发展内生动力。加快培育农业社会化服务组织,鼓励农业生产服务组织和乡镇综合服务站围绕农业产前、产中、产后服务需求参与农业生产经营活动,积极发展代耕代种代收、良种供应、农机作业、统防统治、质量监测、烘干储藏等市场化和专业化服务,促进生产、加工、销售环节有机融合。大力发展订单农业,引导龙头企业与农户、家庭农场、农民专业合作社签订农产品购销合同,支持龙头企业通过承贷承还、信贷担保等方式,帮助订单农户建设标准化种养基地,支持龙头企业通过"公司+合作社+农户"和"公司+基地+农户"的方式,建立农民参与产业化经营、分享产业链增值收益的互利共赢模式。

(三)完善服务保障,构建新型经营主体发展支撑体系。落实各项扶持政策,通过政府和社会资本合作、设立基金、贷款贴息等方式,带动社会资本投向农村领域。同时政府在年度建设用地指标中单列一定比例专门用于新型农业经营主体进行农产品加工、仓储物流、产地批发市场等辅助设施建设。支持大专院校农科毕业生和外出能人返乡服务"三农",在特色产业集中区、现代农业示范区、规模化养殖场布点建设农民田间学校、农村实用人才实训基地,加快发展农村职业教育,提高农民生产经营素质。加快推进国家现代农业科技园区建设,积极开展院地、院企合作,建设专家工作站、科技成果转化基地,完善科技研发推广服务体系,加快农业科技创新能力建设。深化农村改革,激发农村发展活力,推动生产要素向新型经营主体集聚,努力为新型经营主体发展提供平台支撑。加大金融支持,加快农村承包土地的经营权、农民住房财产权抵押贷款改革步伐,发展"三农"融资担保和再担保机构,解决新型经营主体融资问题。

(撰稿:陈志远)

加快农村土地流转　为乡村振兴增添新活力

土地是农业生产最基本的要素，积极推进土地流转、发展规模经营，是发展现代农业的必然要求，有利于释放土地活力、促进农民增收。近年来，我市按照依法、自愿、有偿原则，持续加强土地承包经营权流转管理和服务，鼓励农民流转土地承包经营权，推动土地规模化集约化经营，进一步提高农业生产经营效率，为乡村振兴增添新活力。

一、总体情况

石嘴山市有 20 个乡镇、2 个涉农街道办事处、195 个行政村，农村常住户65800 户、常住人口 16.59 万人，耕地面积 162.78 万亩。全市农村土地流转面积达 72.14 万亩，占耕地总面积 44.32%，涉及农户 46926 户。其中，大武口区农村土地流转面积 3.14 万亩，占耕地面积 38.25%，涉及农户 5717 户；惠农区农村土地流转面积 12.4 万亩，占耕地面积 34.37%，涉及农户 10809 户；平罗县农村土地流转面积 56.6 万亩，占耕地面积 47.77%，涉及农户 30400 户。全市流转规模1000 亩以上的经营主体有 108 家，流转土地面积 26.29 万亩，占土地流转总面积的 36.44%，其中，用于种植玉米、小麦、水稻等粮食作物面积 15.31 万亩，占58.23%；用于种植青贮玉米、苜蓿等饲料作物面积 6.52 万亩，占 24.81%；用于种植瓜菜（制种）、菌菇等特色种植面积 4 万亩，占 15.21%；用于其他作物种植面积0.46 万亩，占 1.75%。

二、推进农村土地流转的主要做法及成效

（一）完善管理制度，规范土地流转交易。我市制定了《农村土地承包合同管理办法》《农村土地经营权流转管理办法》以及《农村土地经营权流转备案审查制度》《农村土地经营权流转档案管理制度》《农村土地经营权流转调解仲裁制度》《农村土地经营权流转风险预警制度》，形成了制度完善的农村土地流转规范管理体系，强化土地流转事前、事中、事后监管。各县区结合实际情况，制定《工商资本租赁土地从事农业生产经营准入监管暂行办法》《农村土地经营权流转管理实施细则》，建立经营主体准入、风险防范、考评退出机制，进一步规范各类经营主体土地流转交易行为。全市共收取土地流转风险保证金415.74万元，切实保障农民群众的合法利益。

（二）深化农村改革，夯实土地流转基础。在完成了农村土地承包经营权确权登记颁证工作的基础上，创新性地为农户和经营主体颁发了集体荒地承包经营权、农村土地流转经营权、设施农业用地使用权等权证，为加快推进农村承包地所有权、承包权、经营权"三权"分置打下了坚实基础，让农村土地承包经营权流转双方吃下了"定心丸"，让土地出租者放心流转，农业经营者安心投入。针对农村土地细碎化问题，积极在平罗县11个试点村开展"一块田"改革试点，通过调田互换等方式，推动5.7万亩耕地由小块田变为大块田，方便农业经营主体集中连片流转土地。平罗县宏潮村通过"一块田"改革，全村土地流转租金溢价率达到10%。

平罗县宏潮村"一块田"改革

（三）培育经营主体，丰富土地流转形式。出台《关于加快构建政策体系培育新型农业经营主体的实施方案》，培育壮大一批规模适度、生产集约、管理先进的家庭农场、农民合作社、农业产业化龙头企业、农村集体经济组织等新型农业经营主体，为促进土地适度规模经营，创新土地流转模式提供了主体支撑。惠农区东永固村股份经济合作社采取"土地入股+保底收益+优先雇佣+分红"模式，合作社优先雇佣土地入股的村民从事农业生产，农民享受合作社分红，以土地入股形式吸引86户农户流转土地，建成1465亩标准化枸杞种植基地。平罗县田佳盈农业专业合作社采取"村集体+企业+农户+基地"运作模式，流转西永惠村1000余亩土地，精心打造蔬菜制种园区，带动全村发展订单制种产业。

（四）搭建服务平台，激活土地流转市场。全市成立了3个县级农村产权流转交易服务中心，22个乡级农村产权流转交易服务站，将农村土地承包经营权纳入农村产权交易管理范围，建立土地流转信息发布、审核登记、鉴证备案等制度，做到农村土地流转交易申请、审核、审批、办理、鉴证"一站式"服务。同时，建设互联网或手机APP线上交易平台，实现农村土地经营权流转线上交易。通过土地流转服务平台"线上+线下"交易,有力解决土地流转双方信息不流畅、私下交易不规范等问题,进一步激发农村土地流转市场活力。平罗县土地流转交易额达到21.87亿元,占该县农村产权流转市场交易额的36.12%。

三、存在问题

(一)农户法律意识不强。当前我市小农户间自发性土地流转比例较高,受熟人社会乡情观念影响,大多只有口头约定,即使签订了合同,内容也过于简单,对双方权利义务及违约责任、赔偿条款等缺乏明确约定,一些土地流转合同未经县、乡、村三级审查备案,流转的随意性、盲目性较大,部分流转土地规模较大的经营主体未能及时缴纳风险保证金,为日后产生纠纷留下了隐患。

(二)土地流转成本较高。我市家庭经营土地普遍存在零散、细碎问题,加大了集中连片流转土地的成本和难度,不利于经营主体发展规模经营。另外,一些经营主体流转初期低估了农业规模经营的生产成本,后续资金短缺生产投入不足,难以产生足够的经营效益,最终只能退出流转。

(三)部分农户流转意愿不强。当前我市不愿流转土地的农民大部分年龄在50岁以上,家庭收入来源主要依靠土地生产经营,受年龄、技能等因素影响,进城务工或就业范围有限,土地流转后的生活水平难以保障。部分农民恋地情结较为严重,加之政策宣传不到位,宁肯粗放经营,也不愿将土地流转出去。

四、对策及建议

(一)强化宣传引导,推进土地经营权规范有序流转。广泛开展以《中华人民共和国农村土地承包法》《农村土地经营权流转管理办法》等法律法规为主要内容的宣传工作,强化对农户的宣传引导,让农民充分了解政策,消除顾虑,看到好处,增强土地流转意愿。宣传推广使用自治区统一印制的农村承包地流转合同示范文本,规范流转交易行为。

(二)强化政策支持,发挥财政支农资金的导向作用。一是设立农村土地承包经营权流转专项资金,对参与土地流转的农业企业、农民合作社、家庭农场等新型农业经营主体,按照规模比例给予一定补助。二是加大财政投入力度。健全和完善农村就业、养老保险、医疗保障等社会保障体系,降低农民对土地的生存依赖性。三是优先支持在规模流转的土地上开发高标准农田建设、水肥一体化等项目,推动土地适度规模经营。

(三)强化监督管理,健全土地流转风险防范监管机制。加强农村土地流转工作的管理和指导,积极引导土地流转双方签订规范的流转合同。加强工商资本租赁农地监管,建立县、乡、村三级审查制度,审核土地转入方是否具有农业生产经营能力;加强对流转土地的用途进行监管,防止土地"非农化";通过推广设立风险保障金、履约保证保险及预付流转金等方式,进一步防范和化解流转风险。

(四)强化主体培育,提高土地适度规模经营效益。持续加强新型农业经营主体示范创建活动,发展一批有实力的新型农业经营主体,鼓励真正有经营能力的主体进入农村参与土地流转,进一步优化土地资源配置。鼓励金融机构推出适合本市新型农业经营主体发展的金融创新产品,为有前景的新型农业经营主体提供资金支持,助推农村土地流转。

(五)强化改革创新,解决农村土地细碎化问题。以承包地确权成果为基础,在稳定土地承包权不变的情况下,推广平罗县"一块田"改革试点经验,发挥村集体经济组织的能动性,推动土地"小田变大田",探索土地规划整理集中经营,鼓励土地规模流转,创新承包地集中连片后的经营方式,构建村集体、农户、经营主体"三方共赢"利益联结机制。

(撰稿:董明华)

关于石嘴山市龙头企业
联农带农助农的几点思考

当下农业产业化龙头企业蓬勃发展,已成为引领现代农业发展的生力军。一个龙头企业,带活一个产业,带富一方百姓,与小农户及新型农业经营主体建立起了紧密的利益联结机制,带动越来越多的农民融入现代乡村产业,分享农业产业增值收益,稳定增加经营性收入,为农业增效赋能、为农民增收加力。近年来,石嘴山市贯彻新发展理念,在龙头企业联农带农方面进行了各种各样的探索和实践,通过"龙头企业+农户""龙头企业+村集体+农户"等不同形式,不断扩大龙头企业示范带动效应,极大地推动了我市乡村振兴建设步伐。

一、主要做法

（一）统一服务带动农民增收。龙头企业帮助农民解决技术性问题,推动农户规范化生产、企业组织化购销,实现联农带农与产业发展内在促进、有机融合。一方面,可以大大降低价格不确定性、产量不确定性、销售不确定性等自然

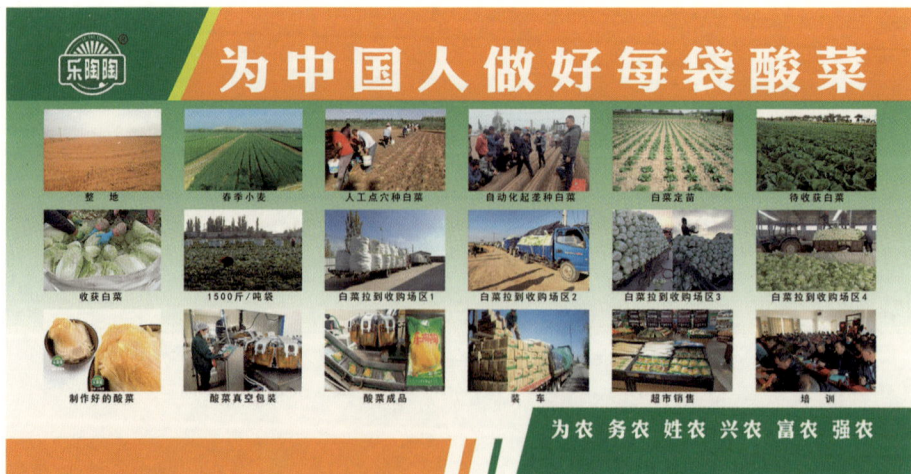

和市场风险；另一方面，能够帮助合作社、农民获得数量有规模、质量有保障、服务及时便捷，确保合理有序的产业分工和供应链完整闭合，助力联农带农机制在产业内部、链条之间、三产融合中促进农民便利生产、便捷就业、多元增收。宁夏迎春食品有限公司为平罗县陶乐镇东园村农户提供大白菜种苗、水肥等生产资料，并安排专人负责种植生产技术指导，提供全程"保姆式"服务。借助迎春农产品加工、销售一体化优势，陶乐镇、高仁镇、渠口乡鲜活蔬菜订单面积达6000余亩，直接带动500户农户销售20000余吨蔬菜产品，销售收入达到3000万元，产品销往陕北、内蒙古、东北及宁夏等地，构建起了多环节、多链条的联农带农机制。

（二）股份合作共享发展成果。通过入股分红将村集体资产与龙头企业经营发展连为一体，成为休戚与共的命运共同体，使农户、村集体与龙头企业之间不再是简单的雇佣关系、合作关系而是资产深度联结、收益紧密捆绑、分配事关你我、发展荣辱与共的利益共同体。一方面解决了龙头企业资金困难，无法扩大生产规模的问题；另一方面整合资源，解决了部分村集体没有好项目、好思路的难题。陶乐镇以四个村壮大村集体项目资金为杠杆，与龙头企业宁夏华泰农农业科技有限公司深度捆绑发展，在庙庙湖村新建日光温室27座，由华泰农负责运营，四个村集体每年保底分红56万元，带动周边农户务工就业300余人，人均年增收3万余元，既发展壮大了产业又带动周边农户稳定增收。同时庙庙湖村每年向股民分红100余万元，实现了农户、村集体与龙头企业三赢。

（三）村企协作共促增收致富。龙头企业和村集体直接对接，村集体通过整合村组土地、设施、环境、生态等资源，将生产要素融入企业经营，龙头企业帮助村集体通过开发资源要素价值，培育特色产业，推进产业融合，以集体资源资产参与的形式，带动农户借势村企协作发展，融入现代农业。一方面，农户不必依

靠亲自经营即可分享农业产业化发展的红利,节省出来的时间和劳动力可以外出务工,获取工资性收入;另一方面,通过开发村集体资源要素、提升集体资源资产价值,切实保障了农民合法享受集体资源资产收益的权利。惠农区礼和乡银河村股份经济合作社发展传统种植养殖产业,在鼓励群众大力发展传统种植养殖业的基础上,积极争取资金,盘活闲置集体土地,新建银河村万只肉羊标准化养殖园区,实现规模化养殖,每户每年周转育肥肉羊1500只。同时银河村利用得天独厚的自然资源优势、交通优势,开发乡村旅游产业,打造特色农家乐4家,依托生态蔬香门第亲子农村采摘园、百亩经果林、温室大棚、银河湾老作坊等休闲农业企业,带动本村100余人就近就业,增加务工收入100余万元,乡村旅游已成为银河村村民致富增收新的增长点。

二、存在问题

(一)联农带农发展创新难。部分龙头企业和村集体对联合发展思路不多,缺乏敢想敢为、开拓创新的勇气和魄力,瞻前顾后,认为联合发展村集体经济有风险,远期无规划、近期无项目,龙头企业与村集体捆绑发展的氛围没有真正形成。

(二)农村实用人才育留难。一些龙头企业和村集体要快速发展,内部人才短缺,培养起来也需要时间,引进外部人才又无从下手;部分村干部老龄化严重,对村企联合发展的优势把握不够全面,对增收渠道探索不足,干事创业的积极性和主动性有所欠缺。

(三)村企合作机制运营难。部分龙头企业与村集体合作组织框架相对松散,利益联结机制不紧密,龙头企业、村集体、农户捆绑之间的产销衔接、利益分配机制还不健全。

三、意见建议

(一)坚持思路先行,绘好联农带农"发展蓝图"。找准产业方向、选好发展项目是产业联合体发展成功与否的关键所在,更是龙头企业、村集体和农户共同面临的现实问题,必须坚持因地制宜,杜绝盲目上马。我们在抓好"六特"产业发展的同时,要充分发挥规划管长远、管根本的作用,坚持把培育龙头企业同发展村级集体经济放在高质量发展全局中统筹谋划,形成"一乡镇一特色、一村一品牌"格局,打造特色品牌,积极推进一二三产业融合发展,进一步促进联农带农助农持续增收。

(二)精准扶持用才,促进优秀人才"有为有位"。继续坚定定向精准培养理念,出台多种人才引进政策,进一步营造良好的引才、留才环境,吸引各类人才特别是高层次创业创新人才到石嘴山创新创业。注重把懂经营、善管理、发展集体经济意识强的致富能人、创业青年、回乡学子等推选到村级组织;着眼村级组织后继有人,要继续从优秀农民工中大力发展党员,培养村级后备干部;在全市推行"党带群、师带徒、大带小"人才结对帮带模式,采取畅通人才招引渠道、构建人才培养体系、优化人才服务保障等措施,大力营造"真心实意引人才、真金白银留人才"的良好氛围。

(三)强化横向连接,打造联农带农"致富引擎"。要引导龙头企业以积极的态度和作为与村集体、农户建立起紧密的利益联结机制,通过市场化手段提高农民的组织化程度、农业的现代化水平,补充完善合作协议,严格履行利益分配协议,进一步建立健全运营机制和规章制度,充分发挥联合与合作作用,形成密切的产销衔接关系,用紧密的利益联结机制打造动力足、效率高的联农带农致富引擎,从而彻底摆脱过去单打独斗效率低、效益差、风险大的被动局面,在农业经营方式创新和发展过程中获得多层次、多形式的收益。

(撰稿:杜立业、李虹)

石嘴山市多措并举拓宽农业经营主体融资渠道

近年来，我市深入贯彻落实中央、自治区各项强农惠农政策，围绕"9+3"重点特色优势产业发展，多措并举拓宽经营主体融资渠道，进一步提高经营主体规模化、标准化生产水平，全市农业经营主体发展水平明显提升。

一、主要做法

（一）摸清融资需求。按照石嘴山市委、市政府关于争取信贷资金支持实体经济发展工作部署要求，联系石嘴山银行等金融机构，对全市新型农业经营主体融资需求进行实地调查。截至目前，全市共有农产品加工企业218家、农民合作社486家、家庭农场504家、社会化服务组织147家，据统计，全市各类农业经营主体每年贷款资金需求量约为10亿元以上，每年经营主体从正常渠道贷款额度约为3亿元，还有7亿元的资金缺口。

（二）搭建融资平台。积极开展"银农对接"工程，与石嘴山银行、邮政储蓄银行、黄河农村商业银行、中国银行、中国农业银行、石银村镇银行6家金融机构签订了《金融支持"三农"服务合作协议》，6家金融机构承诺每年为全市经济效益好、带动能力强的农民合作社、家庭农场和农产品加工企业提供优惠贷款11亿元，利率按当年基准利率上浮20%执行。同时积极与宁夏农担公司平罗分公司联系，由市农业农村局为担保公司推荐优质涉农企业，通过担保公司担保，银行放大贷款额度，促进农业企业的发展，2023年上半年宁夏农担公司为全市农业经营主体担保贷款312笔1.32亿元。

（三）优化融资方式。通过农村改革，在三个县区建立农村产权交易中心，农民凭借农村集体荒地承包经营权证、农村土地承包经营权证等，到银行办理承包经营权抵押贷款,进一步盘活农村资源资产、推动缓解"三农"领域融资难融资贵问题,上半年全市农村产权抵押贷款0.94亿元,累计办理各类农村产权抵押贷款17.12亿元。同时积极争取自治区农业农村厅财政资金支持,2021年在平罗县建立风险担保试点,争取风险担保基金630万元,与黄河农村商业银行、邮储银行等签订合作协议,对农民合作社发放贷款6200万元。

二、存在的问题

一是部分农业企业管理不规范。现行的信贷审批程序要求新型农业经营主体提供准确的财务信息,而在实际中,有相当部分的经营主体管理不规范,实行个人化或家族式管理,财务制度不够健全,信息公开透明度低,影响了新型农业经营主体的信用评价,增大了融资难度。二是农业信贷担保体系不健全。我市仅有1家专业的农业担保公司,且市本级未安排专门的农业风险担保基金,农业担保业务进展缓慢。三是农业融资成本较高。农业信贷担保和贴息财政扶持力度不够,农民信贷的资金成本过高。

三、下一步工作计划

一是畅通融资渠道,确保贷得快。畅通"政银企"三方信息沟通渠道,筹划举办全市农业领域银企对接会,扎实配合石嘴山银行、黄河农村商业银行等金融机构对我市农业经营主体融资需求进行实地调查,协调帮助企业解决融资需求,有效提升农业经营主体贷款的便捷性和迅捷性。二是调低融资门槛,实现贷得来。积极与农担公司和金融机构联系,建立"政银保"合作机制,争取自治区农业农村厅和市财政资金支持,建立农业风险担保基金,由农担公司为贷款主体提供担保,按照1:10扩大贷款比例,银行向符合条件的农业经营主体提供优惠贷款,缓解农业经营主体融资难、融资贵的问题。三是创新信贷产品,力求贷得好。围绕农业特色优势产业,强化补链延链强链,协调金融机构创新地方特色金融产品,补齐经营主体融资短板。加大《中国农业银行农村集体经济组织贷款管理办法(试行)》宣传力度,联系中国农业银行对符合准入条件和贷款用途的村集体经济组织进行贷款融资,支持村集体经济发展壮大。

(撰稿:王晓斌、田帅)

从水泉子村看"好村"班子的五种特质

西靠黄河、东临毛乌素沙漠边缘的红崖子乡水泉子村，2022年村集体经营性收入达到1573万元，成为首批跻身全市经营性收入过千万元的行政村。从水泉子村我们发现，曾经守着薄田穷得出名、如今安居乐业令人生羡的这些"好村"，在坚定不移发展壮大集体经济，实现从"穷"到"富"转变的关键要素，就是村两委班子应具备的五种特质。

一、政治素养高

"好村"班子应具备较高的政治觉悟和政治能力，能够敏锐地把握时代发展的脉搏，积极响应国家政策，认真贯彻执行党的路线、方针和政策，为集体经济组织的发展贡献力量。水泉子村两委班子深刻认识到集体经济发展的好坏事关村民的切身利益，要适应社会主义市场经济发展村集体经济，对外必须与市场接轨，搞市场竞争，积极将村内72.3亩未利用荒地用于招商引资建设集加气站、餐饮、住宿、停车、仓储一体的商贸物流园，为村集体创造了巨大的收益和持久发展的动力；对内坚持社会主义方向，走共同富裕之路，把握好集体经济发展的大方向，用市场的思维和逻辑分析村集体内部问题，积极稳妥处理好集体经

济收益分配,对出现的问题早化解、真解决,创造的收益多配股、多分红,通过发展壮大村集体经济,逐一带动解决了村内环境差、淌水难、行路难等一系列问题。

二、领导能力好

"好村"班子应具备出色的领导才能和团队管理能力,能够有效地组织、协调和管理集体经济组织的各项工作,带领全体成员共同奋斗、实现集体目标。水泉子村两委班子以"支部引领党员、党员引领群众、群众引领大局"为原则,采取村两委负责人包村、村干部包队、各队长负责的工作机制,同驻村第一书记、工作队积极配合,由包村干部、村两委协商,党员大会、村民代表会议共议,制定实施方案、建好工作台账、明确突破方向,"先外后里、先易后难"组织群众、宣传群众、凝聚群众、服务群众,切实把全村党员和群众的思想、行动、力量和智慧凝聚起来,齐心聚力发展壮大村集体经济。"仓廪实而知礼节,衣食足而知荣辱",发展壮大集体经济在增强村民凝聚力、提高村组织公信力方面发挥了积极作用,村民的获得感越强,对村庄的归属感也就越强,对村两委干部的信任感就越强。

三、思路想法多

"好村"班子应具备一定的经济知识和市场意识,能够为村集体经济的发展提供更加广阔的思路和做法,将资源优势转为发展优势,因地制宜发展集体经济。水泉子村充分利用资源禀赋和传统优势,联合五堆子等资源相近、地域相邻的村探索产业组织化发展新路径,通过订单模式动员村民重拾大葱种植,继续深耕老本行,积极打造"宁北钢葱"品牌,叠加抱团联动、机械种植、灌溉升级等多种措施,解决了传统种管方式粗放、病虫害严重、产量低等一系列问题,大幅提升了大葱种植质效,亩产从5000斤增至9000多斤,进一步增强了村集体产业抗市场风险能力,激活了大葱种植产业发展新动能,让原本无"市"的老本行变成有"价"的金饭碗。2023年,将继续投资280万元购置4台大型拖拉机和两架无人机等设备,入股农业专业合作社统一运行;利用村集体闲置资金,在新建物流园内购置商业用房对外出租;利用周边村中心小学土地,建设30万吨玉米烘干塔、农产品流通基地及农业机械车库,开展农副产品收购加工,为村集体增收再造新动能。

四、创新精神强

"好村"班子应具备创新思维和开拓精神,能够在市场竞争中勇于尝试新思路、新模式和新方法,不断推动集体经济组织的创新发展,提高组织的竞争力。水泉子两委班子坚持破思想禁锢,聚改革发展共识,敢于第一个吃螃蟹,通过认真细致盘点村集体"三资",挖掘存量资产资源的增值潜力,尽量将有限的"三资"发挥出更大的效益,抓住集体经营性建设用地入市改革的有利契机,聘请第三方公司、公证处对村集体3宗73.49亩土地、1宗仓储用地50年使用权、2宗商服用地(加油加气站)40年使用权估价1568.8万元,在平罗县农村产权流转交易中心公开竞拍,最终以溢价44万元、总价1612.8万元竞拍成功,这是我市农村集体经营性建设用地入市首次竞拍成功,也是首宗"千万级"农村集体经营性建设用地入市竞拍成功。通过更加高效、集约利用现有生产要素,激活沉睡资源,一方面让水泉子村农民实现了在家门口就业,降低了外出务工成本,增加了农民有效收入;另一方面拓宽了农民增收渠道,让农民既有工资性收入,也有财产性收入。2023年,将继续争取平罗县农村宅基地出租试点改革项目,盘活利用村内闲置房屋,打造水泉子村四、五队民宿庄点,为村集体增收探索新模式。

五、群众观念深

"好村"班子应具备深厚的群众观念和服务意识,能够积极倾听和解决群众的诉求,维护集体经济组织的公共利益和全体成员的合法权益,为群众提供更好的服务。水泉子村两委班子格外注意在各个环节发挥民主制度的重要作用,切实推行"四议两公开"工作法,充分调动村民参与集体经济的热情和积极性,

实现决策过程让群众参与、决策效果由群众检验,不仅理清了村干部的工作思路,而且理顺了干群关系,有效化解了矛盾和问题,促使党员干部主动问政于民、问需于民、问计于民,争取群众支持、赢得群众认可。通过多途径筹措资金,解决了176户群众的农田灌水难题,对全村农户院落残垣断壁进行了彻底修复。通过挖掘自然生态与人文资源,将水泉子遗留的自然元素融合人文元素,打造了水泉子地理标识。引导农户将生活区与养殖区分离,利用庭院空地打造美观实用的经果小花园,扮靓乡村颜值的同时提升品位,实现了村容村貌优美、乡愁乡韵浓郁的新图景。2023年,将计划利用群众入股、村集体分红,争取以"村民+村集体+公司"模式,在河东地区依托泉子湾湿地,投资打造集采摘、美食、娱乐、住宿为一体的民俗村,为村民增收提供新路径。

实践证明,在农村发展壮大集体经济,不仅有效破解了村集体"空壳化"问题,从根本上筑牢了共同富裕的根基,还全面深刻地影响着农村生态文明建设、乡风文明和基层治理。如今,漫步水泉子村,农家小院瓜果香,道路平整渠道通,泉子湾湿地群鸟翱翔,一幅经济强、生态美、环境优、风光好的乡村画卷正在徐徐展开。

(撰稿:宁涛)

石嘴山市农村居民收入稳步提升
过程中存在的问题不容忽视

2022年以来，石嘴山市深入贯彻落实党中央和自治区关于农业农村工作的一系列决策部署和重要指示精神，大力实施农村居民收入提升行动，坚持以产业发展为依托，以就业创业为抓手，以政策实施为保障，完善机制、整合资源、精准施策、统筹推进，促进全市农村发展、农业增效、农民增收，使全市农村居民收入稳步提升、生活明显改善。前三季度，全市农村居民人均可支配收入14582元，增长7.7%，高于全区平均水平0.4个百分点，增速位居全区第二。

一、农村居民收入稳步提升

（一）强化政策扶持，促进农民增收。出台《石嘴山市贯彻落实〈自治区人民政府办公厅关于进一步促进农民增收13条政策措施〉的实施方案》，围绕着力挖掘经营性收入增长潜力，稳住工资性收入增长势头，释放财产性收入增长红利，拓展转移性收入增长空间提出具体举措。全年惠农补贴基本发放到位，农民财产性收入得到较大增长。城乡居民养老保险标准提标，低保、残疾人两项补贴、特困人员供养补贴等各项兜底政策及时落实到位。农作物秸秆综合利用暨农机深松整地作业补贴、实际种粮农民一次性补贴、耕地地力保护补贴、小麦种植补助等全部发放到位。扎实做好政策性农业保险工作，扩大特色产业农业保险覆盖面，探索开展"完全成本保险+抵押贷款"模式，建立"政策性+商业性"保险体系。全市发放各项补贴3.8亿元，种植业投保面积88.51万亩、养殖业投保39.88万头，农业保险总保费规模6010万元，各级财政

享受集体股份分红的村民

补贴4815万元,已赔付金额1612.4万元。

(二)推动产业发展,带动农民增收。产业发展是农民增收、农业增效的依托和关键。将产业振兴作为农民增收的突破口和主攻方向,出台《石嘴山市促进肉牛肉羊补栏补贴实施方案》《石嘴山市麦后复种补贴方案》等,支持重点特色产业加快发展。一是毫不放松抓好粮食生产。深入实施藏粮于地、藏粮于技战略,加强耕地保护提升和高标准农田建设,推广抗旱节水技术和耐盐碱作物,充分利用土壤富硒优势,不断优化种植结构,发展富硒优质粮食,全市粮食播种面积109.69万亩、超额完成3.69万亩。粮食已全部收获,预计总产量同比略有增长,实现十九连丰已成定局。二是聚力推进畜牧业发展。全力抓好2021年以来新建扩建的40家规模养殖场建设和补栏,深入推进2022年确定的17个畜牧养殖场、养殖园区建设。全市奶牛存栏10.96万头、同比增长42.66%,肉牛、肉羊饲养量分别达14.78万头、149.99万只,同比增长9.6%、4.2%。三是提质发展瓜菜产业。大力发展特色瓜菜和制种产业,推进瓜菜产业规模化、绿色化、基地化发展,瓜菜种植面积14.14万亩,其中制种面积稳定在8万亩,全年蔬菜产量达70万吨。四是培育壮大菌菇产业,全力抓好菌草科技创新产业园建设,发挥示范引领作用,全市菌菇种植面积达到1080亩。

(三)促进就业创业,拓宽增收渠道。就业是民生之本,创业是致富之源。鼓励农村劳动力多渠道转移就业,大力营造利于农民就业创业的制度环境和强

大地天香农民正在采摘玫瑰

有力的政策保障，加强就业服务和职业技能培训，致力于造就一批有知识、懂技术、善经营的高素质农民。全市完成劳动力转移就业3.6万余人，累计举办招聘会121场，招聘企业1153家，提供就业岗位4.7万个，达成就业意向5300多人；开展高素质农民培训1363人次，发放电子职业培训券6053张，开展职业技能培训7734人次；发放创业贷款301笔9357万元，贷款利息补贴963万元，培育创业实体3012个，新创造就业岗位4328个，带动就业1.12万人。

（四）深化农村改革，助力农民增收。全面深化农村改革，创新农业经营方式，增强农村发展内生动力，促进农民财产净收入增长。加快推动土地流转，严格规范土地流转程序，大力发展代耕代种代收、农机作业、统防统治等全产业链、多元化的生产经营服务。鼓励村集体出租各类固定资产增加集体收入，支持村集体经济组织将整治腾退出来的宅基地通过复垦、发展二、三产业或开展农村集体经营性建设用地入市进行交易。鼓励金融机构建设乡村振兴特色网点，创新适应农业生产周期的金融产品。全市土地流转面积达到59.4万亩，涉及农户41869户，发放土地承包费3.56亿元；开展农业生产托管服务14.3万亩，亩均节约成本193元；土地新增入市交易18宗367亩、出让价款2816万，村集体分享增值收益1093万元；实施扶持壮大村级集体经济项目25个，全市村集体经营性收入10万元以上的村达到150个，占总村数的76.9%，其中7个村已开展股份分红，分红金额241万元；农村产权流转交易额累计突破60亿元大关、各类农村产权抵押贷款额累计达到17.12亿元。

二、存在的主要问题

（一）受政策层面影响较大。近年来，中央、自治区对脱贫地区政策支持多，扶持力度大，在巩固拓展脱贫攻坚成果同乡村振兴有效衔接资金安排上，一直向南部山区倾斜。2022年我市乡村振兴衔接资金1.76亿元，占全区衔接的5.8%，处于全区末位，比银川市、吴忠市、固原市、中卫市分别低3.1%、22.9%、30.8%、12.1%。全区巩固拓展脱贫攻坚成果同乡村振兴有效衔接政策持续发力，我市农民收入增速面临巨大挑战。

（二）收入结构不够合理。从农民收入的主要构成来看，工资性收入、经营性收入、财产性收入、转移性收入分别占可支配收入43.77%、40.69%、1.7%、13.84%。经营性收入占比过高，受市场环境影响较大。工资性收入、财产性收入安全系数大，但占比低，工资性收入占比低于55%的合理区间，财产性收入仅占1.7%，对促进农民增收造成不利影响。

（三）品牌附加值影响较大。与其他地市相比,我市缺少叫得响的"宁字号""原字号""老字号"产品。品牌影响力弱,附加值不高,抵御市场风险能力弱。以肉牛肉羊产业为例,我市牛羊肉价格比盐池滩羊肉、固原黄牛肉等低30%~60%。

（四）利益联结机制不够紧密。农业产业化龙头企业与农户缺乏紧密的利益联结机制,产业发展带动农民增收效果不理想。奶产业、肉牛肉羊产业、农产品加工企业、生态渔业等发展比较迅速,在带动农民就业、促进工资性收入增长方面发挥了重要作用。但农民以土地、资金、技术等入股参与企业发展机制不够完善,利益联结不够紧密,农民收入增速赶不上产业发展增速。

三、下一步意见建议

（一）扩岗稳就业提高工资性收入。一是认真落实自治区促农民增收13条政策措施,抢抓秋冬农闲黄金期,分类开展农民冬季大培训,主动对接龙头企业、农民专业合作社、家庭农场等新型经营主体用工需求,加强农村劳动力技能培训,提高劳动力技能。扎实开展农村实用人才、网络电商技能人才培训,加大乡村振兴带头人培育。二是加大农村劳动力转移就业力度,引导工业园区、各企业就地就近吸纳就业。加强各类公益性岗位开发利用,优先安排生活困难的农村留守妇女、留守老人等弱劳动力。加大农民就业培训力度,确保有就业能力的家庭至少1人务工就业。三是落实支持返乡农民工、青年农民、退役军人、高校毕业生回乡创业置业政策,提高农民创业创新热情。

（二）培育壮大特色产业提高经营净收入。一是做强特色种养业。创新产业组织方式,促进特色种养业规模化发展,向全产业链延伸拓展,提高质量效益。发挥资源优势,推广信息化、智能化、数字化应用技术,支持奶牛、肉牛肉羊扩群增量、规模化发展。加大瓜菜新品种、新技术引进、示范、推广、研发力度,大力发展设施瓜菜和瓜菜制种。培育壮大瓜菜合作社、家庭农场等经营主体,加强瓜菜田间市场、分拣包装车间和产地冷藏保鲜库建设,补齐瓜菜产业链短板,确保蔬菜产得下、卖得出、有好价。二是做大做强农产品加工业。发挥农产品加工业在贯通产加销的中心点作用,打造创新能力强、产业链条全、绿色底色足、安全可控的农业全产业链。三是创响知名农业品牌。突出绿色、安全、优质特征,深挖品牌内涵、强化品牌宣传,不断提升石嘴山名优特色农产品品牌认知度、知名度和美誉度。加快推进农产品质量安全可追溯体系,引导各类农业经营主体大力推广标准化、规范化种养技术,积极开展农产品质量认证,塑强区域公用品牌,培育单品品牌,鼓励申报地理标志商标,加强黄渠桥羊羔肉等农产品地理标志管理和品牌保护。

(三)盘活农村资源资产提高财产性净收入。一是建立新型经营主体支持政策体系,鼓励发展专业合作、股份合作等多种形式的农民合作组织。二是持续壮大农村集体经济,提高村集体经营性收入水平。盘活农村闲置宅基地和农房,使农村闲置宅基地、农房变废为宝,赋予农民抵押、担保等更多财产权益。三是完善利益联结机制。优先支持带动能力强、增收效果明显的农产品生产、加工企业,鼓励与农户建立契约型、分红型、股权型等合作方式,探索"订单收购+分红""农民入股+保底收益+按股分红"等模式,构建企农利益联结机制,提高农民财产性收入。

(四)落实各项政策提高转移净收入。一是落实农村社会保障和救助制度。落实农村居民社会养老保险基础养老金政策,扩大各项补贴的覆盖面。鼓励有条件的农民参加城镇职工养老保险。二是加强金融服务"三农"。加强新型经营主体贷款贴息、农业青年创业贷款贴息、农业保险等工作,支持农业特色优势产业发展,促进农民增收致富。

(撰稿:雍文龙)

品牌培育篇

提升特色农产品品质
打造石嘴山市特色美食名片
——黄渠桥羊羔肉典型案例

平罗县黄渠桥镇是历史文化名镇,镇域面积90.23平方千米,2万余人。据《平罗食志》记载,在民国时期,黄渠桥金保国的忠兴饭馆、周干臣的益顺居饭馆就有羊羔肉出售。"古城夜宵美食多,爆炒羊羔热门货,脆嫩香辣任品尝,深更夜巷唤开锅。"就是对黄渠桥羊羔肉的写照。民国三十四年,回族群众马少彰在黄渠桥的忠兴饭馆打工,跟随当地名厨"刘辣呼"学习制作羊羔肉的手艺,后将手艺代代传承。从1992年到1998年,黄渠桥爆炒羊羔肉生意达到了黄渠桥的整整一条街,黄渠桥因羊羔肉而声名远扬。

近年来,平罗县深入挖掘古镇历史文化,传承和发扬黄渠桥羊羔肉特色美食文化,以黄渠桥羊羔肉地理标志产品为抓手,大力发展羊产业,划定了以黄渠桥为中心,高庄、宝丰等五个乡镇为半径的黄渠桥羊羔肉地理标志保护区,区域面积439.73平方千米,保护区内年产量2300吨,持续打造石嘴山市黄渠桥羊羔肉品牌特色美食名片,黄渠桥羊羔肉远近闻名。

一、主要成效和典型做法

(一)优化结构,壮大产业。2020年石嘴山市平罗县成立了分管副县长为组长的地标工作领导小组,制定了工作方案,在五个核心乡镇加大优质肉羊品种改良和优质饲草种植力度,核心区投放种公羊100只以上,建立优质苜蓿种植示范区5个以上,优质饲草种植面积4万亩以上,利用平罗县富硒资源种好草、养好羊、产好肉,为"珍硒石嘴山"打造区域

羊肉品牌。在核心区形成15万只基础母羊扩繁基地，全县年生产羔羊25万只，培育500只以上基础母羊繁育场20个，并授予"黄渠桥羊羔肉羔羊繁育基地"牌匾。培育1个规模生产经营主体，开展黄渠桥羊羔肉地理标志产品分割贴标上市外销，在江浙地区开设多家专营店，销售渠道进一步拓宽，产业发展进一步壮大。

（二）规范生产，提高品质。委托宁夏农林科学院完成了《黄渠桥羊羔肉羔羊生产技术规程》《富硒肉羊生产技术规程》等规程修订。在保护区内培育养殖基地、示范点及屠宰加工龙头企业，统一制作生产档案、黄渠桥羊羔肉地理标志产品繁育基地标牌及质量控制技术规范，并严格落实生产技术规程。在第四届黄渠桥特色美食文化节活动期间举办盲评盲测等活动，评比出最佳月龄羊羔肉，为确定烹饪主食材最佳月龄羔羊提供了依据，黄渠桥羊羔肉产品品质和市场竞争力进一步提高。

（三）身份标识，全程追溯。建立系统的标志体系和追溯体系，即建立从活体羔羊生产、屠宰加工、餐饮融合、外埠销售窗口系统的追溯体系。利用电子耳标、胴体标志及地理标志，结合"智慧动监"APP实现产品数字化，即在活体羔羊上加佩耳标进行标志、在羔羊胴体上使用地理标志和二维码双重标志，二维码标志与动物产品检疫证明相结合，实现各环节数据相互转化融合。

（四）加强宣传，创建品牌。为进一步做好品牌宣传工作，平罗县委书记、县长代言宣传地标产品，2020年县委书记代言拍摄的宣传片《醉美沙湖 毓秀平罗》，对黄渠桥羊羔肉地理标志进行宣传；石嘴山市牛肉经营有限公司在重庆参加了第十八届全国农产品地理标志产品展示，会议期间自治区领导莅临展位现场指导工作。市文化旅游和广播电视局制作了专题宣传片，黄渠桥镇每年举办特色美食文化节，政府搭台，文化唱戏，黄渠桥羊羔肉地理标志产品知名度和影响力进一步扩大。

（五）加强监管，深度融合。为促进地标产品与平罗县辖区内黄渠桥羊羔肉餐饮店的深度融合，规范和引导黄渠桥羊羔肉地理标志产品进入相应餐饮店流程，相关部门联合进行监督检查，重点查处黄渠桥羊羔肉餐饮店不采用黄渠桥羊羔肉地标产品作为主食材的问题，杜绝黄渠桥羊羔肉餐饮店名不副实的乱

象,使黄渠桥羊羔肉地标产品切实得到保护和提升。2021年初评选出黄渠桥羊羔肉地理标志产品羊羔肉美食店11家,每家奖励以奖代补资金3万元,进一步促进产业融合发展。

二、存在的问题

一是部门之间没有形成合力。促进融合是提升和保护地标的关键环节,目前只有农业农村局和市场监管局两家推动,其他部门没有形成预期合力,需要进一步强化。

二是缺少专业的羊羔肉经营(供货)主体。目前羊羔肉由平罗县黄渠桥、灵沙、宝丰等地多个经纪人供货,存在私屠滥宰现象,且多为大羊或半大羊,羊羔肉品质得不到保障。

三是宣传力度不够。不论是餐饮加工、养殖生产从业人员,还是部分相关部门工作人员,大多不了解黄渠桥羊羔肉地理标志产品及生产技术规程。

四是地标效应发挥作用不明显。由于羊羔肉价格高于大羊肉,消费者缺乏识别能力,商家为追求利润,餐饮店以假乱真的现象依然存在。

三、意见建议

(一)在抓建立联动机制上下功夫。针对黄渠桥羊羔肉进入餐饮店数量少的问题,从辖区已有的黄渠桥羊羔肉地标产品标志使用上下大功夫进行规范,建立商务经合局、市场监管局、农业农村局和乡镇的联动机制,切实改变以大羊肉冒充羔羊肉破坏地标产品规范标准的行为。

(二)在抓培育专业经营主体上下功夫。把扶持培育屠宰企业作为主体,启动专业羊羔肉经营主体供货,确保黄渠桥羊羔肉品质。

(三)在抓大宣传强认识上下功夫。加大开展地标产品标准宣传贯彻力度,同时,狠抓规范羊羔肉经营店经营行为,使其真正使用羊羔肉主食材,引导使用黄渠桥羊羔肉地理标志产品,使黄渠桥羊羔肉地理标志产品效应持续释放。

(四)在抓地标效应发挥上下功夫。严厉打击以大羊肉冒充羊羔肉的行为,且常抓不懈,凸显地标效应,真正让黄渠桥羊羔肉地标成为知名品牌,促进产业发展壮大。

(撰稿:李莉、王晓斌、丁静红)

加快"农品"南下步伐　助推"石品"落地生花

"宁夏品质中国行"活动—上海站活动现场

近年来,石嘴山市聚力发展奶牛、肉牛、肉羊、瓜菜、葡萄酒等农业特色产业,形成了河东奶牛、宝丰肉羊、姚伏番茄、陶乐沙漠瓜菜等区域特色,打造了"珍硒石嘴山"等区域公用品牌,创建"贺东庄园"葡萄酒、"伊源牧场"牛羊肉等特色农产品品牌147个,全市绿色农产品品牌达到51个。为全面提升石嘴山市名优特色农产品市场竞争力和影响力,2023年石嘴山市农业农村局组织30余家企业,携方便食品、养生枸杞、放心粮油等近百款产品赴上海、杭州、南京参加了"宁夏品质中国行"活动,参展期间共实现零售收入3万元,签订合作协议5项,涉及金额2.7亿元。

一、主要做法

(一)周密部署,全力以赴办好展会。按照自治区"宁夏品质中国行"活动的部署要求,根据展会日程安排,精心做好参展企业组织、参展产品筛选等前期工作,编辑制作"珍硒石嘴山""黄渠桥羊羔肉""大武口凉皮"等推介宣传片,收集整理"新时代遇见石嘴山""石嘴山市名优特色农产品品牌名录"等宣传手册,借助"宁夏品质中国行"活动平台,全方位展示石嘴山市农业资源禀赋、区位优势和名优特色农产品,积极寻求对外交流合作机遇。

(二)加大宣传,全力做好品牌销售。指导各参展企业制作公司简介、产品手册、企业二维码等宣传材料,组织员工利用微信朋友圈、抖音快手等自媒体平台,发布"宁夏品质中国行"活动预告,切实提升群众知晓度与参与度。活动现场人头攒动、气氛热烈,"普罗旺斯"西红柿、"沙湖雪"富硒挂面、"绿森森"鸡蛋等产品一经露面即被抢购一空,其独特风味、过硬品质得到当地群众的一致好评。

(三)同步开展,持续扩大展销影响。为加深广大消费者对石嘴山市名优特色农产品的良好印象,石嘴山市宝丰牛羊肉有限公司携带厨具,现场展示"黄渠桥羊羔肉"制作过程,邀请市民免费品尝,感受宁夏牛羊肉的魅力;贺东庄园推出 10 余款精品葡萄酒,酒体醇厚、单宁柔和,吸引广大游客驻足购买。积极对接《乡味宁夏》栏目摄制组,在微信公众号推介平台设立德希恩咖啡、碧草州烤羊排绿峰源藜麦等优质农产品展销专区,受到江浙沪地区网络电商、批发市场和消费者的青睐。邀请上海主播"憨憨小姐"、宁夏名嘴"小李飞叨李阳"等抖音网红博主,利用其自身粉丝流量,为我市枸杞、粮油产品现场打 Call,进一步提升我市特色农业品牌知名度和影响力。

(四)积极对接,招商引资增强实力。积极对接上海惠和种业有限公司、江苏包天下食品有限公司、江苏省连云港市泓淼利水产等企业,双方就特色制种、

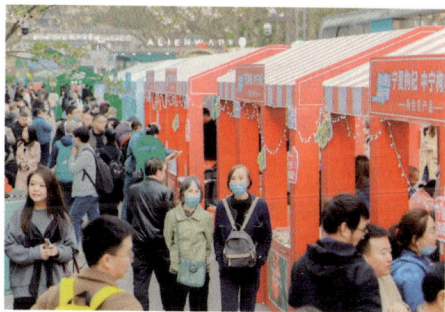

"宁夏品质中国行"活动现场

农产品加工、水产养殖等领域达成合作共识，签订合作协议5项，计划投资总金额2.7亿元，引导大窑饮品、中粮大米等企业与浙江嘉兴果泉商贸有限公司、江西九江农业科技有限公司合作，不断开拓销售市场、增加产品市场份额，助推我市特色企业产品尽快融入国内市场"大循环"。

二、存在的主要问题

（一）活动日程紧张。"宁夏品质中国行"上海、杭州、南京三站活动安排时间集中，行程较为紧凑，给企业预留的产品展销及客商对接时间短，一定程度上影响我市名优特色农产品对外销售推广。

（二）宣传力度不够。"宁夏品质中国行"宣传推介会虽前期制作大量宣传片和图文H5活动预告，在《乡味宁夏》《宁夏日报》《今日石嘴山》等媒体平台、各有关企业微信公众号、视频号、抖音号、快手号等平台滚动播放，但大多数面向宁夏地区消费者，在江浙沪一带展会曝光力度不够，现场参与消费的市民大多为外地游客，活动宣传力度及方式较为单一。

（三）展会吸引不强。此次"宁夏品质中国行"活动与江浙沪农业农村部门鼎力合作，取得了丰硕成果，但目前我区农业展会专业化、产业化程度不高，会展管理水平有限，没有形成完善固定的招商网络，市场号召力也相对较弱，对区外经销商吸引力有限。

三、下一步工作

（一）扩大农品内销路。根据新型农业经营主体生产销售季节特点和五一、国庆等小长假节点分布，结合"中国农民丰收节"等大型节庆活动，有步骤、分重点、按时段组织农产品加工企业参加"黄渠桥美食文化节""枸杞采摘直销节"等本地活动，集中宣传推介葡萄酒、枸杞、滩羊等"六特"产品，深入挖掘石嘴山市名优特色农产品本地销售市场，促进农民持续增收。

（二）加大走出去步伐。石嘴山市以"宁夏品质中国行"活动为契机，鼓励企业参加"中国预制菜产业博览会""上海农交会"等国内大型综合性展会，持续深化与长江三角洲、粤港澳大湾区农业等多领域投资合作，重点开展名优特色农产品品牌宣传推介，同时协调落实参展人员住宿、餐饮、展位搭建等有关事宜。

（三）多措并举强宣传。进一步深化与今日头条、《宁夏日报》等媒体合作，针对性向区内外广大受众媒体推送石嘴山市名优特色农产品文章及宣传视频，同时充分运用抖音、快手等自媒体平台，聘请当地网络大V与美食博主利用自身的粉丝流量，丰富产品销售渠道，让石嘴山更多特色农产品叫得更响、走得更远、卖得更好,助力乡村振兴。

(四)提升展会吸引力。在"珍硒石嘴山"区域公用品牌带动和引领下,聚焦葡萄酒、枸杞、牛羊肉等"六特"产业,通过线下展示零售、线上订单销售、现场签约等方式,打造一批品质过硬、特色突出、影响力强的"品牌农业展会",同时针对农业企业外出参展给予一定的政策和资金支持,进一步提升新型农业经营主体外出参展信心。

(撰稿:陈志远)

惠农区银河村：让好风景成为好"钱"景

　　银河村位于石嘴山市惠农区礼和乡东部，村域面积15平方千米，耕地面积8700余亩，辖7个村民小组，常住户619户1500多人。村内有1万亩湿地草原、3000多亩天然红柳林、1 500亩水域、600余亩沙漠。近年来，银河村努力践行"绿水青山就是金山银山"的发展理念，通过发展乡村旅游产业，将生态优势转化为产业优势，让好风景成为全村增收致富的好"钱"景。2021年村民人均可支配收入2.38万元，村集体经营性收入92.19万元，两项收入水平位居惠农区39个行政村前列，先后荣获全国乡村治理示范村、全国乡村旅游重点村、第六届全国文明村镇、"2021中国最美村镇"生态宜居成就奖等荣誉称号。

　　一、突出规划引领，描绘乡村蓝图，让生态好起来

　　银河村厚植生态底色，以黄河草滩、天然红柳、湖泊湿地为主线，积极创建迎河湾自治区级湿地公园，研究制定"1123"（一河、一桥、二湖、三路）发展规划，科学划定湿地保育区、合理利用区与恢复重建区，深入开展"退耕还湿"工作，做到"红线"以内禁伐、禁垦、禁采、禁牧。持续完善湿地公园基础设施，修复10千

米防火步道,设立鸟类投食点和观测点,成立爱鸟护鸟志愿服务队,加强对生态湿地鸟类的保护,让湿地公园成为人与动植物和谐共享的绿色空间。经过多年的努力,银河村黄河湿地生态恢复与保护初见成效,目前湿地公园内共有鸟类76种,国家Ⅱ级重点保护野生动物8种,对生存环境极为挑剔的白天鹅、灰鹤等鸟类安家银河村,数量最为庞大的灰鹤从2013年的近50只,增加到2020年的近5 000只,占到目前世界灰鹤总数的四分之一。

二、优化人居环境,提升乡村品位,让村庄美起来

银河村积极申报美丽家园、美丽村庄、一事一议建设项目,集中进行外墙粉刷、道路铺设、植绿补绿等整体环境整治,着力打造基础设施完善、环境优美的美丽家园。目前,银河村主要巷道已全部完成硬化、绿化、亮化、美化"四化"工程,拆除农宅残垣断壁4000余米,硬化道路4000余平方米,净化河道5500米,栽植果树5000余棵,安装太阳能路灯160多盏,打造文化长廊1处,村容村貌得到极大改善。大力创建一批美丽庭院,打造舒适宜居美丽乡村,有效实现了"一处美"向"一片美""一时美"向"时时美"的转变,提升群众的获得感幸福感。推行乡村文明实践积分制度,将村民生产、生活和生态环境保护行为量化积分,村民再用积分兑换醋、酱油、食盐、洗衣液等生活用品,激励村民崇尚文明行为。举办燎疳节、七夕节、农民丰收节等民俗活动,丰富群众文化生活,提升乡村文化内涵。

三、坚持改革创新,盘活农村资源,让产业兴起来

积极争取自治区自然资源厅"多规合一"实用性村庄规划编制试点,在深入调查研究、充分听取村民意见基础上,编制完成《惠农区礼和乡银河村"多规合一"实用性村庄规划》,为高效利用村内土地资源、发展乡村产业奠定了坚实的基础。深入开展农村闲置房地盘活利用工作,收储整治银河村二队15户农户的45亩闲置宅基地,为发展乡村产业提供了用地空间,集中建设了文化广场、游客接待服务中心、黄河湿地文化讲堂和黄河根雕艺术馆。盘活利用银河村老旧学校资源,打造"爷爷榨的胡麻油""奶奶磨的老豆腐""老家的石磨面"等特色老作坊。鼓励进城就业的村民将闲置房屋以入股形式加入村集体合作

社改造成民宿,进一步丰富银河村旅游产业业态。流转银河湾周边农户140余亩土地栽植经果林,建设桃园、杏园、李子园、苹果园,以观花采摘带动旅游发展。如今,银河村已逐步发展成为集观光旅游、休闲采摘、农事体验、特色餐饮、民宿为一体的旅游景区。2021年全年累计接待游客超过18万余人次,总产值达180万元。

四、积极发动群众,推动融合发展,让村民富起来

银河村注重党建引领,探索推行"党支部+合作社+企业+农户"工作机制,着力提升融合发展水平,让全体村民共享生态经济发展带来的红利。在村党支部领导下,银河村股份经济合作社出资成立了迎河湾旅游开发公司,具体负责生态旅游度假村建设运营,购买了9艘休闲游船、网红秋千、网红桥等娱乐设施,修缮了环湖道路及湿地巡护道路10余千米,设置景区标识标牌10余处。党支部培树党员创业示范户7户,致富带头人16名,带领本村村民通过种植特色果蔬,开办农家乐,购买马匹、毛驴、小车、沙滩摩托、碰碰球、网红桥、特色小吃售卖车等旅游设施参与到乡村旅游中来。从争相承包果园,到在自家院落里办农家乐,再到体验式采摘,祖祖辈辈守着田地过日子的银河村人吃上了"旅游饭"。2021年,银河村通过发展乡村旅游业直接带动7名村民就业创业,增加收入近80万元。2019年至2021年,银河村股份经济合作社累计为股民分红68万元,让村民充分享受到了集体经济发展的成果。

（撰稿：董明华、田慧珺）

石嘴山市预制菜产业发展调研报告

  2023年中央一号文件提出要培育发展预制菜产业，2023年3月份自治区农业农村厅组成考察团赴广东等地对预制菜产业进行了考察调研，目前正在起草宁夏预制菜产业发展支持意见。为了全面掌握全市预制菜产业发展情况，近期市农业农村局对全市预制菜产业进行了摸底调研，认真梳理了当前预制菜产业发展现状、存在问题，在学习借鉴广东省预制菜发展先进经验的基础上，结合实际提出了对策建议。

一、我市预制菜产业发展现状

  预制菜是以蔬菜、畜禽、水产、米面等作为原材料，配以各种辅料，经过清洗、分切、腌制、滚揉、成型、调味等预加工，通过工业化模式集中生产、科学包装保存、满足"即烹即享"等快捷用餐需求的成品或半成品食物，具备便捷、新鲜、营养等特点，主要分为即食、即热、即烹、即配食品四种，包括自热型、方便型、即食型、加热即食型、生制半成品即烹型、即配型等多种系列。

  目前，全市预制菜生产企业共49家（大武口区7家、惠农区18家、平罗县24家），其中即配企业2家、即食企业22家、即热企业3家、即烹企业22家，2022年共实现营业收入5.06亿元，带动1300余人稳定就业，吸纳季节性劳动用工1.2万人次。产品包括牛羊肉、带鱼罐头、牛羊肉火锅、枸杞醋、蔬菜粉、辣椒酱等50多个预制菜品。产品类型主要有净菜配送类，如鲜到伊城、一礼等；脱水菜类，如利荣、发途发、礼和食品等；酱腌菜类，如迎春、红祥、白云食品等；酱卤制品类，如厚道、沙湖食品等；特色肉类食品，如碧草洲烤肉、宁羊火锅肉、弯师傅带鱼等；枸杞加工类，如灏瀚生物、圣杞等；其他类，如嘉禾花语、德西恩、沙湖月等。产

品销售区域广泛,如利荣脱水菜销往美国、德希恩系列产品销往马来西亚等国家,宁羊、宝丰牛羊肉销往上海、浙江、福建等地,沙湖辣酱销往新疆、甘肃等地,区内主要销往银川市、石嘴山市的商超、学校、社区、企业餐厅等,销售模式为线下线上相结合,即在超市、餐饮店等传统线下销售的基础上,依托"互联网+"市场营销体系,通过网络、直营等新兴渠道销售。

从调研情况看,石嘴山市预制菜产业具备一定的发展基础,发展潜力和势头较好,但也存在明显的短板和不足。一是规模企业较少。在本次调研中,主营业务收入达1000万元以上的规模化生产预制菜企业仅有20家,涉及脱水菜、肉类、净菜等少数产业,主要产品以脱水菜、牛羊肉等为主,果蔬产品少,缺乏市场认可度高的公共品牌,与南方预制菜产业发展市场相比明显滞后。二是企业发展资金紧缺。预制菜产业作为一个朝阳产业,中央自治区市级层面普遍缺乏配套的产业发展规划与支持政策,加之金融产品门槛高,中小型企业贷款难、利率高的问题得不到妥善解决,一定程度上限制了预制菜企业发展。三是实验研发设备不全。惠农区绿色农产品加工园区是我市农产品生产加工企业聚集程度较高、运营状况较好的代表性园区之一,近年来园区不断完善水电暖、道路硬化、电商直播间、人才公寓等基础与硬件设施,园区环境获得了企业一致好评。但因预制菜企业生产研发需要大量资金投入,大部分企业受自身条件限制没有独立的实验室,园区想集中建设1座创新研发中心,也因资金短缺无法建立。四是科技管理人才不足。全市预制菜产业从业人员普遍存在理论薄弱、学历偏低、经验不足等问题,在直播带货与设备管理人才方面尤为突出,虽定期组织企业参加专业技术能力提升培训班,并与宁夏理工学院对口专业开展多层次合作,但实际效果不明显,水平提升不够显著。

二、广东预制菜产业的主要经验

近年来,广东省持续推进预制菜产业,取得了产业兴旺、品牌打响、助农增收等一揽子工作成效,预制菜产业发展领跑全国。主要做法:一是构建协同发力的政策引导机制。率先制定《加快推进广东预制菜产业高质量发展十条措施》,从技术研发、质量监管、产业人才、品牌营销、金融保险等十个方面,为预制菜产业发展量身打造"政策套餐"。二是特色产业园区引领集群化发展。将预制菜纳入广东省现代农业与食品战略性支柱产业集群行动计划范畴,并谋划在全省各地打造一批极具影响力的集群高地。三是借助科研力量赋能创新发展。成立了全国首个省级预制菜产业联合研究院,率先发布"不同人群专用营养配

餐/代餐食品精准设计与加工关键技术""粤式特色风味水产品预制菜加工关键技术""预制菜新型速冻及品质保真技术"等18项关键技术，共同制定并发布了涵盖预制菜的定义、分类、质量标准、技术规程等方面的7项团体标准。四是重视主体培育打通供需对接渠道。由广东省十大行业领军企业牵头，先后推出数百款名声大、产品好的优质预制菜农产品品牌，同时联合盒马、京东等平台设立广东预制菜专区，利用节假日开展专场促销活动，并将预制菜引进学校、工厂、医院、军队等，实现多渠道布局。五是整合有限资源筑牢金融后盾。集合国资与民资双重支持，组建150亿元的首个省级预制菜产业投资基金，引导相关金融机构为预制菜上下游企业提供一揽子定制产品及服务，鼓励金融保险机构推出一批覆盖预制菜产业全流程的定制保险，为预制菜产业发展解决了生产销售的后顾之忧。

三、下一步工作建议

预制菜作为促进乡村产业发展的新模式新业态被写入中央一号文件，对产业来说是一个巨大的政策利好。同时，随着"非接触式餐饮""宅文化"、快节奏生活方式催生的"高效用餐"，以及冷链物流、网络模式等技术应用和配套设施不断兴起，也为预制菜的发展提供了极大空间。为此，我

市应充分利用农业资源丰富、农产品品质优良的自然优势，有效发挥预制菜产业融合优势，延长产业链条，提升产业价值，为推动产业振兴、促进农民增收开辟新渠道。

一是加大政策资金支持。建议各级政府出台支持政策，加大扶持力度，鼓励、引导预制菜生产企业制定菜品标准规范、建设产业基地、不断深化利益联结机制、加大产业辐射能力、和广大农民发展订单模式，将带动农民增收致富与打造特色预制菜产业紧密结合。积极对接石嘴山银行、黄河农村商业银行等金融机构，针对农业企业提供"农享贷"等贴息贷款产品，降低贷款门槛，下调贷款利率，真正做到让利于民。

二是加快出村进城工程。加快培育"原料基地+龙头企业+物流配送+终端客户"的产业链接新模式，发展订单农业，加强农民、龙头企业、超市、流通市场、电子商务、消费者等产销对接，缩短预制菜产品与市场的距离。

三是加大科技研发投入。加强三县区农业农村局与市科技局、人社局等单位（部门）对接沟通，盘活利用现有的闲置实验设备，由企业主导引进高层次人才开展研发工作。支持预制菜产业行业龙头企业与区内外高等院校、科研院所和绿色食品产业园区合作，加大实用新型专利成果科技转化，在惠农区绿色农产品加工园区投资共建预制菜产业创新研发中心1座。组织企业技术人员定期赴宁夏大学、中国农业大学等高校培训，强化技术系统集成、中试验证和推广应用能力，解决跨行业领域关键共性技术问题。

四是加大人才技术培育。深入对接国内外知名高校院所、院士团队，加大对预制菜人才引进及培育力度。发挥宁夏理工学院、宁夏职业技术学院教育资源优势，引导高校积极对接企业直播带货、设备管理等方面的人才需求，增加高素质技能人才供给。加大对预制菜企业及相关从业人员的培养和专业知识的培训，鼓励行业协会、产业联盟等社会团体与政府部门的沟通协调，及时反映反馈行业动向，助力预制菜产业高质量发展。

五是不断拓宽消费市场。鼓励企业参加宁夏品质中国行、农博会、农交会等国内知名展会，包装策划宣传本土新预制菜产品，不断提升石嘴山市预制菜企业品牌知名度和影响力，争取我市更多"土字号""乡字号"预制菜产品走向全国各地。引导企业入驻天猫、淘宝等大型电商平台，利用抖音、快手等直播平台集中宣传推介我市优质预制菜产品，不断拓宽线上线下销售渠道。同时，积极开展外出招商、以商招商、节会招商、产业链招商，引进一批技术理念先进、适合本地发展的优秀预制菜生产加工企业，切实推动地方产业融合发展。

六是不断推进转型升级。提升市场导向意识，结合地域饮食文化，根据不同的消费群体进行口味微调，不断研发满足消费需求的丰富品系，逐步从高利润、简单制作、存储时间长、二次加热不损口味等品类向附加值较高、工艺先进、新鲜营养等品类过渡。

（撰稿：李莉、陈志远、李虹）

"珍硒石嘴山"品牌建设发展情况及对策建议

石嘴山市土壤硒资源丰富,富硒土壤占60%以上,部分区域土壤硒含量高达每千克0.82毫克,属于全国优质的富硒资源开发区域。由于土壤偏碱性,更有利于农作物对硒元素的吸收利用,水稻、小麦、蔬菜、牛羊肉等产品,达到富硒标准的占55%。

一、发展情况

近年来,我市立足硒资源特色优势,把打造区域公用品牌,发展富硒农业、开发富硒农产品品牌作为推动农业转型发展、高质量发展的破题之举、点睛之笔,经一流团队策划设计并反复筛选,2019年9月,以"自然有硒、健康佳品"为主题的"珍硒石嘴山"区域公用品牌应运而生,破茧而出。

一是多种维度宣传推介。利用全国各类富硒产业大会及博览会,集中展示、销售、宣传推介"珍硒石嘴山"品牌产品并多次在全国富硒大会上作经验交流。与京东、阿里巴巴、蜂巢等电商企业合作,组织20余家企业入驻京东商城特色农产品展示馆,利用抖音、快手等新媒体开展"富硒产品+网红直播"宣传销售富硒产品。

二是培育特色单品品牌。加强"珍硒石嘴山"区域公用品牌使用,授权两批28家农业企业、合作社、家庭农场等新型经营主体使用该品牌。积极培育大米、面粉、牛羊肉、葡萄酒、枸杞等类别品牌,推出"沙湖雪"富硒面粉、"宁昊晶"富硒大米、"宁羊"富硒羊肉、"发途发"富硒蔬菜粉、"红蜡滴"富硒枸杞等一批具有较强竞争力的单品品牌,全市绿色品牌认证(认定)产品总数达54个,其中绿色食品32个、有机农产品10个,农产品地理标志登记4个,名特优新农产品2个,特

"珍硒石嘴山"农产品展示

质农产品2个，获得绿色品牌认证（认定）企业达到22家，形成了区域公用品牌和特色农产品单品品牌同步推进以大托小，以小促大的良好格局。

三是夯实产业发展基础。建成稻米、面粉、羊肉、枸杞、蔬菜、葡萄酒等富硒产品生产基地30个，带动5000余户农民户均增收1800元以上。重点打造全产业链标准化示范基地4个、农产品出口标准化基地2个。引导利荣生物、华泰农等企业通过订单种植、土地流转等形式，扩大原料生产基地1.6万亩，全市绿色食品标准化原料生产基地达到32万亩。

四是积极开展科研合作。参选国家功能农业科技创新联盟，并成为副理事长单位。依托中国农技推广协会富硒技术专业委员会、浙江省农科院、宁夏农林科学院和苏州硒谷科技有限公司等科研院所成立石嘴山市功能农业技术研究推广中心，合作开展富硒农产品生产技术研究30余项，并推进技术推广和成果转化。

二、存在的问题

一是品牌化水平偏低。企业普遍存在重视品牌创建，忽略宣传跟进问题。基地规模小，企业产量低且缺乏现代经营管理理念，品牌小、杂、散、乱，没有形成组团出击、集中打响品牌的合力，宣传、销售和市场大多集中在省内，需求空间没能充分扩展，品牌的经济效益和社会效益未能有效发挥。

二是科技含量不高。富硒农产品控硒技术及产后加工、保鲜、储存等环节科技攻关滞后，企业科技创新能力不强，精深加工产品少。

三是标准化层次低。全市富硒农产品特别是富硒原料大多由一家一户的农民生产，在种子供应、技术标准实施等方面难以做到一致，导致产品质量参差不齐，制约了品牌创建。

四是冷链物流规模化程度低。由于小农经济特性，我市农产品物流较为分散，规模化运输存储难度加大，集约化运输可行性较低，加大了物流企业经营成本，加重了企业负担。

三、对策建议

一是找准定位，扎下品牌之"根"。作为天然富硒区域，让"珍硒石嘴山"品牌定位向亚健康人群提供富硒农产品。市场进入阶段的消费群体定位在到石嘴山旅游的外地游客,品牌特色是"自然有硒、健康佳品",品牌主打口号建议为"中国硒有地,生态石嘴山"。在品牌的建设中,不断为品牌做加法,在公众心目中形成强烈而鲜明的石嘴山印象,使人一想到石嘴山就联想到塞上江南和生态富硒。

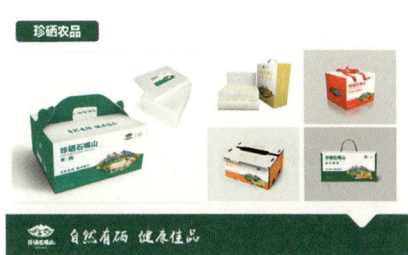

"珍硒石嘴山"农产品展示

二是借力文化,塑造品牌之"魂"。借力"五湖四海"的石嘴山文化精神和内涵,加强"珍硒石嘴山"品牌建设。充分利用石嘴山历史文化和生态旅游资源,在生态富硒品牌向外界拓展和推广的过程中,为其赋予石嘴山文化精髓,使其在文化的包容之下,产生持久的生命力。

三是锤炼品质,筑牢品牌之"基"。把加快富硒产品标准化建设与富硒品牌培育紧密结合起来,进一步完善富硒产品标准化生产加工体系和富硒产品质量标准体系,做到产前、产中、产后各环节都有技术标准和操作规范,实行全过程标准化管理。抓好富硒产品生产源头监管,引导群众购买优质种子,施用有机肥,减少化肥农药使用。培育壮大新型经营主体,通过项目投入,扶持企业(合作社)打造富硒基地,并通过企业(合作社)+基地+农户的发展模式,开展绿色防控和统防统治,做好技术输出和指导管理,实现生产包装销售环节闭环管理。建立产品质量识别标志、产地标志和条形码制度,做到质量有标准、过程有规范、市场有监测,打牢生态富硒品牌建设的质量基础。

四是加大宣传,铺就拓展之"路"。充分利用新媒体,多角度多层次地为企业、产品或人物进行宣传。鼓励富硒农产品协会和企业联盟设计大规模的传播策划方案,在大中城市有针对性地开展富硒品牌宣传,参与外省及中央电视台广告招投标,将石嘴山"自然有硒、健康佳品"理念清晰明了地传达给消费者,打出"珍硒石嘴山"品牌的声势,提高石嘴山富硒农产品在全国范围内的市场占有率。同时,构建集现代化冷链物流于一体的网络营销体系,尤其是在农产品线上销售方面,持续加强与阿里巴巴、京东、蜂巢电商等机构合作,共同构建"珍硒石嘴山"农产品上行电商体系,打响"珍硒石嘴山"区域公用品牌。

(撰稿:王荣辉、李莉)

石嘴山市发展农产品加工业的实践与思考

农产品加工业连接工农、沟通城乡,行业覆盖面宽、产业关联度高、带动农民就业增收作用强,是农业现代化的支撑力量和国民经济的重要产业。近年来,我市把农产品加工业作为农业特色优势产业发展的核心和重点,紧盯农产品加工产业链条延伸,持续推动农产品加工业高质量发展。截至目前,全市农产品加工企业达到202家,农产品加工业总产值达到45.8亿元、同比增长36.7%,农产品加工转化率达72%,农产品加工企业通过土地流转、订单收购等合作模式,解决5.6万农村居民就业,人均增收1.88万元。

一、实践做法

(一)做精基地,夯实产业基础。聚焦资源禀赋和特色优势,着力打造通伏鱼米之乡、姚伏番茄之乡、河东万亩沙漠瓜菜基地,稳步推进河东现代奶业示范区、宝丰羊业小镇生产基地建设,成功创建盈丰、乐牧高仁等国家绿色农产品标准化集成示范基地5个,塞上春、乐海山等自治区绿色优质农产品标准化基地5个,华泰农、牛德草等自治区全域绿色食品标准化原料基地8个,正在打造全产业链标准化示范基地4个、农产品出口标准化基地2个。积极引导利荣生物、华泰农等企业通过订单种植、土地流转等形式,扩大原料生产基地,全市绿色食品标准化原料生产基地达到32万亩,为农产品加工企业提供了充足的原料供应。

（二）做强主体，提升产业质量。坚持政府主导、项目支撑、龙头带动，不断扩大企业规模，提升企业加工水平。先后投入财政资金800余万元用于奖补企业开展技改扩建和示范评定，谋划实施农产品加工企业改扩建项目32个，招商引进福建菌草、北京岳氏等16家国内知名农产品企业落户我市，全市年营业收入百万元以上的农产品加工企业达到112家（超亿元的2家），市级以上农业产业化龙头企业96家（自治区级龙头企业51家），四星级绿色食品加工企业达到5家，三星级以上绿色食品加工企业达到20家。加快农产品加工园区建设，建成惠农区绿色农产品加工园区、平罗县轻工园区、绿色农产品加工流通产业园区，同步改造提升园区基础设施、商贸物流科技研发等配套设施和服务，吸引48家农产品加工企业到园区发展，园区年产值占农产品加工业总产值的70%，惠农区绿色农产品加工园被认定为自治区级农业高新技术产业示范区。

（三）做响品牌，拓展产业优势。持续巩固提升"珍硒石嘴山"区域公用品牌，不断扩大影响力，2022年，全市特色农产品品牌达到147个，绿色农产品品牌达到51个，其中绿色食品32个、有机农产品9个、农产品地理标志4个、名特优新农产品2个、特质农产品2个、良好农业规范2个。组织37家绿色食品加工企业参加"宁夏品质中国行"广州站、福州站、北京站，"中国（深圳）国际文化产业博览交易会"等农产品宣传推介活动，签订特色农产品销售订单2620万元，加快助力我市名优特色农产品品牌宣传。支持企业开展农产品线上线下多渠道销售，全市绿色食品外销窗口达到51个，"黄渠桥羊羔肉"等特色农产品走上央视，昊帅、沙湖食品等企业在抖音、快手平台开展联动直播，涌现出了"丁大头"丁红军、"枸杞皇后"张红霞等一批带货达人，培育了"沙湖辣酱""沙湖雪"石磨面粉等一批网红产品，2022年全市农产品线上销售额累计达到1.07亿元，同

比增长 10%。

二、主要问题

目前,我市农产品加工业发展态势良好,但仍然存在发展质量不高、动力不足、效益偏低、竞争力不强等问题。此外,用地难、融资难、用工成本高等问题也非常突出。主要表现在以下几个方面。

(一)企业普遍规模小,竞争力弱。目前全市农产品加工企业215家,仅占全区(2100余家)的10%左右,其中自治区级龙头企业51家,市级龙头企业96家,国家级龙头企业尚未培育成功。企业大多以农产品初加工为主,普遍规模小、科技水平低、精深加工能力弱、产品附加值不高。

(二)产业支持政策少,制约因素多。目前全市尚未出台扶持农产品加工业发展的相关政策,绝大部分投入依赖于自治区项目资金,随着对上争取资金越来越难,政策激励和项目支持力度受限,制约了企业在技术改造、产品研发、品牌营销等方面发展的积极性,绿色食品产业可持续发展的活力和动力明显不足。绿色食品产业高端和实用专业人才"双缺"。

(三)园区配套设施不完善,聚集能力弱。全市现有4个农产品加工园区,除惠农区绿色农产品加工园区已经具备一定的服务能力和承载能力,在全区有一定知名度,自治区也有一定资金支持外,其余3个园区普遍缺乏有效规划和持续投入,基础设施和配套服务落后,吸引力不强,聚集能力弱。

(四)产业协同发展不充分,产业链条短。全市农产品加工前后端、上下游之间存在断点,产业链内缺乏联动,园区间联系不够紧密、服务不能共享,企业间协作发展意识不强,没有形成紧密的利益共同体。

三、对策建议

产业振兴是乡村振兴的基础,农产品加工业是乡村产业的核心产业。推动农产品加工业高质量发展,是提高农产品附加值、增加农民收入、实现乡村振兴的有效路径。为此,要认真贯彻落实自治区第十三次党代会精神,围绕"六新六特六优"产业,全力加快农产品加工业高质量发展,为全面推进乡村振兴提供强有力的产业支撑。

(一)"外引"和"内培"并重,培育壮大龙头企业。牢牢抓住农业产业化龙头企业培育这个关键,加大招商引资力度,培育壮大加工主体,引导产业关联度大、对行业或区域经济带动能力强的优势企业进行强强联合,向集团化发展,提高市场开拓能力和技术创新能力,发挥规模效益、品牌效益,打造行业领军企业。积极开展产业链招商,引入和配套一批技术理念先进、适合本地发展的优秀企业,推动招商引资与地方产业融合发展。

(二)"规划"和"配套"并重,推进基础设施建设。加大农产品加工园区的建设力度,统筹解决企业用地、用水、用电问题,减轻企业负担。与建设现代农业产业园、产业强镇等重点项目相结合,集中人力、物力、财力投入,提高园区建设水平和发展活力。运用仓储管理系统、分选加工管理系统、运输管理系统等信息化软件,提高冷链物流设施装备现代化水平。优化供应链体系,将加工、分选等环节前置到产地,降低物流成本,提高流通效率。

(三)"创新"和"引导"并重,提高科技赋农水平。推进科技创新"双倍增"计划,推动创新型示范企业创建,形成产业链上中下游、大中小企业融通创新格局。支持农产品加工龙头企业实施技术改造、建设原料基地等,引导企业不断加大科技投入,加快先进成果转移转化进度。鼓励创业创新,配套相应扶持政策,引导科技人员、返乡大学生等到农村创业,大力培育乡村新产业、新业态,为乡村产业发展注入新动能。

(四)"品质"和"品牌"并重,构建营销网络体系。以提升品质为根本,以做强品牌为抓手,加大农业营销网络体系建设,整合各类农产品品牌宣传资金,建立农产品打包推介机制,加大对区域公用品牌打造力度,推进标准化生产,健全葡萄酒、肉羊等特色产业标准体系,完善农产品行业技术规程、产品质量标准、产品检测和管理规范体系,进一步提高我市农产品品牌影响力和市场美誉度。

(撰稿:李莉、宁涛、李虹)

"领头雁"带领村集体踏上致富路

一个支部就是一个坚强战斗堡垒,一名党员就是一面先锋模范旗帜。为推动乡村振兴,惠农区庙台乡东永固村党支部强化党建引领,规划先行,积极探索农村集体经济发展模式,变资源优势为发展优势,逐步实现村强民富。2021年村集体经营性收入达到452.37万元,农村居民人均可支配收入超过2万元。东永固村先后荣获全国"一村一品"示范村、中国美丽休闲乡村、自治区农村产业融合发展示范园、宁夏特色旅游村等荣誉。

一、强班子引人才,激活村集体经济发展引擎

火车跑得快,全靠车头带。东永固村把建强乡村头雁队伍作为乡村振兴的坚实保证,持续在"选、配、育"上下功夫,做好人才"引进""善用""留住"三篇文章,让他们成为推动农村发展、服务群众、凝聚人心、促进和谐的"主心骨"。大力开展"三大三强"行动,实施"两个带头人"工程,将致富能手、返乡人员、高校毕业生充实到村干部队伍中。坚持"专业的人干专业的事"用人理念,村股份经济合作社理事长实行聘任制,聘请具有多年央企经营管理经验的返乡青年张健担任村股份经济合作社理事长,带领合作社建立现代企业管理制度。在党组织的精心培养下,张健迅速成长为东永固村的致富带头人,于2020年村"两委"班子换届选举时被村民选为村党支部书记。实施"党支部+人才+重点产业"引才计划,成立乡村振兴"人才驿站",引进技术能手2人,大学生6人,引进枸杞产业中高级人才6人,实施自治区人才项目1个,培养国家林草乡土专家1名。与宁夏大学、农科院等3家科研单位开展技术研究,实施自治区宁杞1号提纯复壮试验示范推广、叶用枸杞、黄枸杞品种引进及适应性选育,成为自治区乡村振兴科技成果引进示范基地,为枸杞品种更新、标准化栽培奠定基础,让乡村产业插上科技的翅膀。

二、建基地促融合,蹚出村集体经济发展特色路

东永固村立足自然资源禀赋和产业优势,抓住惠农枸杞成功获得国家地理

标志证明商标有利机遇,通过建基地、促融合、拓服务,走出了一条以枸杞产业为主导的融合发展路径。一是争项目建基地。截至2021年,累计争取项目资金2600多万元,建设2000亩标准化枸杞种植基地,购置无碱枸杞制干设备,建成3500平方米枸杞绿色工坊,配备100吨枸杞保鲜冷库、枸杞实验室和电商服务中心,打造优质高效绿色的枸杞种植、加工、流通基地,枸杞产品远销美国、加拿大、德国、西班牙、英国等国家。二是树品牌促融合。围绕"永固红"枸杞品牌,坚持以枸杞为媒,以枸杞为魂,大力发展枸杞生态观光游。完成生态停车场、旅游公厕、景观龙门、会务中心等基础设施建设,建成五彩枸杞采摘园、枸杞特色农家乐,开工建设全国首家枸杞主题无动力儿童乐园,枸杞产业融合发展示范庄园初具规模。成功举办两届"千年丝绸路·一品永固红"枸杞文化旅游节,逐步提高"永固红"枸杞品牌影响力。三是借优势拓服务。依托成熟的枸杞种植技术和丰富的人才储备,村股份经济合作社购置枸杞种植、修剪等机械设备10台(套),为周边农户提供优质服务。2021年争取到惠农区农业社会化服务项目3个,服务面积6100亩;承担燕子墩乡海燕村1200亩枸杞托管,服务面积1200亩。通过枸杞种植、观赏、采摘融合发展,东永固村经营性资产由2018年的53万元增长到2021年的1528万元,经营性收入从8.4万元增加到452.37万元,村集体"家底"逐渐厚实起来。

三、抓运营重合作,探索村集体经济发展好模式

发展集体经济,首先是要把集体组织发展好。东永固村通过内修外练,积极探索村级集体经济发展的好模式,努力实现强村富民。一是引入现代企业经营管理理念。采取"党支部+合作社+公司+基地"的运营模式,先后由村经济组织领办创办石嘴山市众成农作物种植专业合作社、宁夏永固红农业发展有限公司,对枸杞种植、加工、品牌营销、乡村旅游等全产业链各个环节实行封闭式管理、专业化运营,打造一支机构健全、管

理规范、运营科学、经得起市场检验的经营管理队伍。二是加强与浙江省湖州市安吉县递铺街道鲁家村结对合作。联合浙江鲁家村、安吉余村、陕西袁家村等共同成立"百村联盟"，成为"百村联盟"优质枸杞产地仓，进一步拓宽枸杞产品销售渠道。通过"百村联盟"信息和资源共享，成功与浙江雅圣农业、佐力百草两家企业签约合作，推动枸杞深加工研究成果进行转化，不断提升枸杞产品附加值。三是注重与农户之间的利益联结。采取"土地入股+保底收益+优先雇佣+分红"利益联结模式，农民以土地入股形式加入合作社，合作社在保障农民最低收益的同时，优先雇佣土地入股的村民从事农业生产，农民享受合作社分红，推动土地适度规模经营，实现村民入股、集体增收、股民分红的共赢机制。2021年，全村人均持股股金达到7 498元，是2018年的23倍，累计分红12.46万元。

（撰稿：董明华、田慧珺）

平罗县新丰村:支部领航促发展 产业兴旺聚民心

"村民富不富,关键看支部;村子强不强,要看领头雁"。近年来,平罗县通伏乡新丰村坚持把扶持壮大村级集体经济作为提升党支部组织力、引领群众共同致富和乡村振兴的重要抓手,突出人才带动、项目驱动、产业撬动,持续发展壮大农村集体经济。2021年,新丰村集体经营性收入67.28万元,农村居民人均可支配收入2.02万元,新丰村党支部荣获全区"建党100周年先进基层党组织"称号。

一、配强支部班子,培育发展动能

新丰村党支部始终坚持"一茬接着一茬干、一张蓝图绘到底"的实干精神,积极发扬"头雁领航、群雁齐飞"示范带头作用,大力实施"两个带头人"工程,先后把9名表现突出的致富带头人培养发展为党员。将甘奉献、有能力、懂经营、高学历、年轻化的6名党员致富带头人列为村级后备力量进行重点培养,2名优秀人才被培养为村"两委"班子成员,激发了乡村振兴的雁阵效应。推行"党支部+企业+合作社+基地+农户"模式,依法依规推举村党支部书记和班子成员兼任村级集体经济组织负责人,真正把支部建在产业链上、党员聚在产业链上,让党建势能转化为发展动能。

二、选对发展路子,振兴乡村产业

产业强,才能百业兴。新丰村立足富硒资源优势,精准把握水稻"种、产、销"关键环节,通过延链、补链、强链,因地制宜念好"水稻经",推动水稻产业融合发展。一是在优化种植上下功夫。坚持"生态、品牌、优质、安全"的绿色农业发展理念,积极引进宁粳43号优质水稻品种,探索林间养鸡、边沟养鱼、田间养鸭的立体种养殖模式,打造高端富硒、绿色有机稻米种植基地。通过基地示范带动,新丰村种植大户及致富能手积极投入到高质量富硒水稻种植队伍当中,目前建成连片4000亩"稻渔综合种养"优粮种植示范园区,平均年增收120万元。二是在生产加工上做文章。为进一步盘活发展思路,拓宽增收渠道,新丰

村精准发力,补全发展产业链,利用现有资源,整合各类资金共计700余万元,相继配备了农机具库房、标准化晒场、科学储粮仓、田间学校等基础设施,提供大米代加工服务,年生产优质大米近1800吨。三是在销售模式上求突破。为进一步扩大销售市场,新丰村积极研究应对措施,注册五龘金稻香富硒大米品牌,举办稻香文化旅游节提升新丰村大米品牌知名度,主动对接贺东葡萄酒庄园等企业联合建设外销窗口,争取项目资金着力打造电商销售平台,通过线上线下多平台发力,新丰村稻米产业逐步做大做强,产品远销浙江、上海、北京等地。2021年,水稻年销售量达600余吨,累计销售金额300万余元。

三、过好火红日子,共享发展红利

村集体产业有了,经济活了,发展强了,为民办实事的能力提升了。新丰村先后整合资源,建成了便民服务室、老饭桌、卫生室、文体活动广场等各类服务场所,为百姓提供便民服务;利用春节、七一等重大节会,组织对困难党员及困难群众走访慰问,每季度为其提供免费理发服务;开展为移民种(收)稻子、修房子、谋路子活动,为搬迁移民进行平田整地和播种,帮助移民和困难群众改善生产生活。同时迎着乡村振兴的东风,新丰村积极争取"美丽家园"建设项目,将美丽家园建设与村庄规划、产业发展规划、土地利用规划相衔接,突出"一村一品""一村一景""一村一韵"的建设主题,结合田园综合体建设项目,进一步完善村庄基础设施。路通了、村靓了,群众的满意度提高了,村集体"凝聚党员、凝聚群众、凝聚社会"的作用发挥了,村集体在老百姓心中的公信力增强了,村干部成了群众的"贴心人",村党支部成了群众的主心骨。

(撰稿:王晓斌、刘茜)

盐碱地里开出"致富菇"

平罗县宝丰镇宝丰村地处宁夏引黄灌区末端,村域面积16平方千米,耕地面积共2221亩,辖6个村民小组,常住户325户1283人。过去的宝丰村,土壤盐渍化严重,人均耕地面积不足1.2亩,且75%的耕地为不适宜作物生长的盐碱地,严重制约当地农业经济发展。近年来,宝丰村深入实施"党建领航铸魂"工程,以石嘴山市菌草科技创新产业园项目建设为契机,以盛如意菌草科技发展有限公司等国内大型企业为龙头,组织广大农户在盐碱地上大力发展特色菌菇种植,让宝丰村实现了产业增速、企业增效、农民增收、土地增产,使这块曾经寸草不生的盐碱地唱响了乡村振兴的主旋律,处处开满增收致富的"幸福伞",2022年,宝丰村集体经营性收入达577.3万元,农民可支配收入2.12万元。

一、选优配强支部班子

宝丰村把建强乡村头雁队伍作为乡村振兴的坚实保证,持续在"选、配、育"上下功夫。一是通过走村入户,遴选致富带头人、大学生、退伍军人等有头脑、会干事的年轻人作为村级后备干部重点培养,通过换届选举,成功入选村"两委"班子,有效激发村两委班子干事创业的活力。二是依托"导师帮带"和驻村帮扶工作机制,积极对接农业农村、科技等部门,补齐缺经验、缺方法、缺思路的问题短板,有效提升服务群众、推动发展的综合能力水平。三是以支部主题党日为依托,坚持"引进来"和"走出去"相结合,利用冬季轮训活动,组织支部全体党员外出观摩闽宁镇党建引领移民致富发展成效,学习菌菇种植技术、交流支部发展心得,全面开阔自身发展视野,提升乡村产业发展水平。

二、共享土地改革红利

平罗县作为全国农村改革试验区，以村集体经营性建设用地入市为主攻方向，围绕建立"同权同价、流转顺畅、收益共享"的农村集体经营性建设用地入市制度，宝丰村充分利用盐碱地适宜种植巨菌草及菌菇的资源优势，成功引进盛如意（宁夏）科技发展有限公司、石嘴山市菌草科技创新产业园落地宝丰村。将58.21亩村集体经营性建设用地通过入市方式，转让给盛如意菌草（宁夏）科技发展有限公司，村集体获得131.2万元增值收益，形成了"产业得提升、企业得发展、集体得收益、农民得薪金"的多赢局面。

三、因地制宜谋划项目

宝丰村党支部带头谋划产业发展项目，争取壮大村集体经济项目资金100万元，建设肉羊养殖舍5座，通过出租、自主经营等模式，村集体年均增收2.6万元。整合自治区和闽宁协作项目等资金200万元，与盛如意（宁夏）科技发展有限公司合资建设高标准新材料温室大棚64座，目前已建成31座，并由村集体统一自主经营管理。为增强联农带农能力，宝丰村探索建立"租棚有收益、参股有分红、务工有酬劳、特困有补助"的企农利益联结机制，向农户出租菌菇种植大棚5座，协调周边150名村民到菌草种植产业园租棚创业，委托盛如意菌草（宁夏）科技发展有限公司为农户提供全程技术指导和保护价收购，形成了菌菇种植、研发、栽培、销售为一体的食用菌产业。在产业园务工村民每月增加劳务收

周边村民在产业园务工

入4 000元,承包大棚种植菌菇的农户,每年增加经营性收入8万余元,有效带动农民增收。

四、科技兴农绿色发展

宝丰村积极引进万亩盐碱地改良项目,落实项目资金3000万元,砌护农渠10.6千米,平整土地3000亩,实行智慧农业调控土壤盐碱化,推动农业基础设施进一步完善。充分利用盐碱地资源,积极协调由宁夏大学牵头,联合中国科学院南京土壤所、清华大学、中国农业大学、中国水科院等单位申报的"十四五"国家重点研发计划"黄河上游河套平原节水控盐产能提升技术模式与应用"省级联动项目,在宝丰村盐碱地高效利用项目、种养加循环产业、菌草产业等项目基础上,启动建设"百草园"、生态牧场、宁夏大学宝丰村盐碱地科学实验站和盐碱地智控中心提升项目,充分打造以盐碱地为基础的产业观光、科普教育、盐碱地治理培训的产学研基地,形成乡村旅游的新模式。

(撰稿:陈志远)

惠农区2023年牛奶产业高质量发展调研报告

2023年，惠农区全面落实自治区第十三次党代会及十三届三次全会部署要求，以高效养殖、优质安全、绿色发展为目标，以提质扩量、生产标准化、发展产业化为路径，扎实推进落实牛奶产业高质量发展各项工作，提升牛奶产业全产业链竞争力，实现牛奶产业经营规模化、生产标准化、发展产业化，目前，奶牛存栏稳定在2.9万头，生鲜乳产量实现13万吨。

一、主要做法

（一）立足产业整县推进，持续构建现代化奶业基地。为加快构建现代牛奶产业生产体系，推进可持续发展，培育联农带农新业态，积极争取奶业生产能力提升整县推进项目补助资金400万元，支持惠农区兴业奶牛养殖专业合作社建设1个种、收、贮一体化饲草料生产基地，项目计划投资1354.5万元，实际投资1538.16万元，其中中央补助资金400万元，企业自筹资金1138.16万元。主要购置动力驱动耙4台，T1504拖拉机10台，动力搂草机2台，2504拖拉机4台，打捆机1台，气吸式精量播种机5台，联合整地机1台，谷物播种机6台。2022年10月底，完成全部建设内容，兑付全部补助资金。通过项目实施，促进青贮玉米、苜蓿等优质饲草料种植和奶牛养殖就地就近配套衔接，推进饲草资源开发利用，保障饲草料供应，建设高水平优质饲草料生产基地。

（二）加强良种繁育，推进标准化养殖。按照品种良种化，建立高标准奶牛良种繁育基地，以自繁自育为主，引进国外优质遗传资源为辅，促进奶牛种群结构调整优化，开展奶牛选育提质增效技术应用推广。截至2023年一季度末，10家奶牛养殖场购买奶牛性控冻精7410支，使用性控冻精5000支，参配奶牛4296头，按照每使用1支性控冻精补贴100元的补助标准，共计补助50万元。

（三）推进项目实施，加强优质牧草基地建设。争取中央粮改饲和高产优质苜蓿补助资金840万元，按照每头成年奶牛配备3亩饲草地的标准，支持奶牛场利用自有土地、流转土地或通过租赁、长期订单生产等方式，促进奶牛养殖与青贮玉米、苜蓿、燕麦等优质饲草料种植配套衔接,建立与养殖规模相配套的饲草料生产基地,就地就近保障饲草料供应。2023年惠农区新增种植高产优质苜蓿7010亩,经验收,符合补助标准6440亩,兑付补助资金386.4万元,其中兑付2023年补助资金360万元,兑付2021年剩余资金26.4万元;种植青贮玉米6.75万亩,收贮青贮玉米、青贮苜蓿24.01万吨,推广"青贮玉米+小黑麦""小麦+燕麦"一年两茬种植模式,复种燕麦0.13万亩,缓解饲草紧缺压力,青贮、燕麦、项目已完成验收,并进行了公示,待公示无异议后兑付资金480万元,资金支付率100%。

(四)确保惠农区牛奶产业持续稳定发展。受市场环境影响,加之饲草料价格保持高位不变,当前牛奶产业进入了一个低谷期,为有效缓解当前生鲜乳产量持续增长与乳制品消费低迷的矛盾,2023年争取阶段性财政补助稳定当前牛奶产业发展资金96万元,对辖区内10家规模奶牛养殖场生鲜乳生产销售情况予以适当补助,缓解生鲜乳市场供需矛盾。4—9月份,共计补助生鲜乳73548吨,补助资金61.486128万元,剩余项目资金待10—12月生鲜乳产量结算完毕后兑付。

(五)推进养殖粪污资源化利用。深入推进奶牛养殖场粪污资源化利用,建设粪污处理设施,配套粪污处理设备,支持奶牛养殖场流转土地建立饲草料种植基地就地就近消纳粪污,推广"三改两分再利用"(改水冲清粪为干式清粪、改无限用水为控制用水、改明沟为暗沟,固液分离、雨污分流,粪污无害化处理后综合利用)技术,因地制宜推广种养结合、清洁回用、固体粪便好氧发酵、污水肥料化和粪污能源化利用模式,使奶牛场设施装备配套率达到100%,奶牛养殖粪污综合利用率达到98%以上。

二、存在问题

(一)奶价下跌,养殖利润负增长。受市场环境影响,当前生鲜乳产量持续增长与乳制品消费低迷产生严重矛盾,且受乳品加工企业每月限制收购鲜奶、要求养殖企业淘牛等影响,导致奶价不断下跌,2023年上半年生鲜乳平均价格为3.48元/千克,远远低于奶成本价格3.8元/千克,奶牛养殖企业呈负盈利状态。

(二)优质饲草结构性短缺。近年来畜牧产业发展迅速,加之为保障粮食安全,粮草争地问题凸显,导致本地区青贮玉米供应趋紧,苜蓿、燕麦草等优质饲草跨省区调购量逐年增加,苜蓿、燕麦草等优质饲草缺口较大。

(三)产业链不完整。惠农区奶牛养殖以销售生鲜乳为主,周边缺少乳制品加工企业,产业链条短,产品附加值低,价格受制于乳品企业,经济效益低。

(四)环保压力加大。由于土地面积和环境承载能力有限,粪污消纳难度加大,企业环保压力加大,同时,受污水处理设备运行维护成本的影响,个别企业污水处理设备维护不及时,运行效果不理想,治理难度大。

(五)发展潜力弱。养殖建设用地紧缺,培育新的养殖企业难度大,奶牛存栏增加后土地等配套设施无法满足生产需要,部分养殖场缺乏资金,发展乏力。

三、下一步重点工作

(一)优化产业布局。依托资源条件和产业基础,引导奶牛养殖向饲草料丰富、生态容量大的区域集聚发展。加大优质奶源基地和饲草料基地建设,提升奶产业综合生产能力。一是争取项目鼓励发展,整合闲置土地新建养殖场,将现有奶牛养殖场扩繁扩量。二是引进社会资本,开发利用燕子墩乡蛟龙口村、燕子墩乡外西河村、礼和乡银河村、监狱农场等闲置场地,新建1~2个奶牛养殖场,新增奶牛存栏0.5万头。三是发展优质饲草料种植基地。围绕奶牛养殖区,大力推进优质饲草料种植和奶牛养殖配套衔接,重点调整青贮玉米、优质苜蓿种植面积,持续推广"青贮玉米+黑麦草"等一年两收种植模式,保障饲草料供应。

(二)推进规模化经营。一是加快养殖场改造升级。以标准化示范创建为抓手,支持规模奶牛养殖场改善设施条件,配套机械设备,到2025年,规模奶牛场机械配套率达到100%。二是加强奶牛良种繁育。按照"十一个一"的工作要求,引进推广优质性控冻精和性控胚胎,以自繁自育为主,引进国外优质遗传资源为辅,促进奶牛种群结构调整优化。三是促进种养结合发展。围绕奶产业发展调整优化种植结构,扩大青贮玉米、苜蓿等优质饲草料种植面积。推广全株玉米青贮和苜蓿青贮技术,使用先进机械,提高机械化种植、收获和加工水平,提高饲草利用率。培育发展专业化饲草料收贮企业和配送中心,建立和完善饲草料生产社会化服务体系。

(三)推进标准化生产。一是加快标准化养殖场建设。按照品种良种化、生产规模化、养殖设施化、管理规范化、防疫制度化、粪污处理无害化"六化同步"要求,加强规模养殖场基础设施建设。二是加快社会化服务组织建设。引导企业、合作社和专业技术人员成立社会化服务组织,开展饲草种植、精准饲养体系、养殖管理及疾病防控等全方位服务。三是持续推广"智慧奶业"养殖技术。围绕奶产业提质增效,全面推行奶牛场信息化管理系统、物联网系统、全程监控饲喂系统、生鲜乳质量检测等"智能化"管理。加快推进智慧牧场建设,实现奶牛养殖的数字化、精准化、智能化管理。四是保障乳品质量安全。加大养殖生产投入品监管力度,持续开展兽药、饲料和乳品质量安全专项监测,强化乳品生产加工、储存运输、经营销售等环节质量安全监管和检测,确保生鲜乳和乳制品安全。建立完善动物疫病防控体系,防止动物疫病发生与流行。五是推进养殖粪污资源化利用。鼓励和支持奶牛养殖场流转土地建立饲草料种植基地就地就近消纳粪污,深入推进奶牛养殖废弃物资源化利用。支持奶牛养殖场建设粪污处理设施,配套粪污处理设备,因地制宜推广种养结合、清洁回用、固体粪便好氧发酵、污水肥料化和粪污能源化利用模式,立足实际,对接能源化利用市场,积极探索粪污第三方治理模式。

(四)延伸产业链发展。一是培育乳品加工企业。建设或引进乳品加工企业,鼓励养殖企业生产灭菌乳、发酵乳、调制乳和婴幼儿配方乳粉等乳制品。就地加工鲜奶,延伸产业链,提升养殖企业效益,增加抗风险能力。二是合理利用物流专线。随着逐年养殖量的不断提升,饲草将成为养殖扩规模、降成本的主要瓶颈,合理利用富海物流专线,从区外、国外采购优质饲草料,降低养殖成本,增加养殖效益。

(撰稿:陈志宏)

特色产业篇

石嘴山农村经济发展调研报告（2023）

石嘴山市农作物种业发展情况及建议

国以农为本,农以种为先。近年来,我市农作物种业总体保持平稳较快发展,种子品种结构不断优化,产品质量不断提高,市场体系不断完善,农作物种业已成为石嘴山市农业的支柱产业之一。

一、石嘴山市农作物种业发展现状

(一)产业发展促进农业增效、农民增收情况。近年来,在自治区、市、县各级政府的精心扶持、培育下,石嘴山市农作物种业发展经历了试验示范、基地壮大和市场化改革3个阶段的磨砺。尤其是近3年来,石嘴山市各类农作物繁(制)种面积均稳定在15万亩左右,年生产优质合格种子产值达5亿元左右,农作物繁(制)种纯收入占全市农民人均纯收入14.6%,主产区农民人均纯收入70%以上都来自农作物繁(制)种。农作物种业现已成为石嘴山市农业产业化程度最高、联系农户最广、农业效益最为显著的支柱产业之一。

(二)良种繁育基地建设情况。2020年全市各类农作物繁(制)种面积为15.61万亩,占全区制种面积24.6%,其中蔬菜制种面积12.60万亩,占全区蔬菜制种面积93.9%。2020年全市各类农作物种子繁(制)种总产量3600万公斤,总产值达5.2亿元。蔬菜制种作物占蔬菜制种面积比重依次是豆类59.6%、叶菜类34.2%、瓜类3.2%、茄果类3%。粮食制种面积3.01万亩,占全区粮食制种面积5.6%。粮食制种作物比重依次是小麦37.1%、杂交玉米32.1%、水稻30.8%。目前,全市农作物种业种植基地已形成以平罗县头闸镇、黄渠桥镇、高庄乡、渠口乡、灵沙乡、陶乐镇,惠农区庙台乡、燕子墩乡为主的蔬菜种子繁育种基地;以平罗县通伏乡、姚伏镇为主的水稻种子繁育基地;以渠口乡、陶乐镇为区域的杂交玉米、小麦种子繁育基地。

(三)种业科技研发和创新情况。自2014年以来,企业与国内种子科研院所采取委托育种、合作育种、成果转让等方式,开展科研育种、亲本扩繁、纯度鉴定和市场开发等工作。截至2022年,全市共有25个主要和非主要农作物品种

通过国家、省级审定，有9个非主要农作物品种取得了农业农村部品种登记备案，由宁夏昊玉种业公司选育的"昊玉501"玉米新品种填补了我市历史上没有国家级优良高产玉米品种的空白。同时，加大推进科研平台建设，出台了《石嘴山市支持农业优势特色产业加快发展的意见》，引导企业自主与高等院校科研

院所科技合作，成立了"宁夏农作物种业研究院"和"宁夏分子育种与繁育院士工作站"，柔性引进了18名高端人才帮助企业开展育种技术创新，重点在分子标记技术、抗病育种技术和新品种选育等新技术上取得突破。

为推动全市制种标准化生产技术水平，石嘴山市农业农村局组织技术部门编制了16项瓜菜种子生产技术规程作为宁夏地方标准发布实施。其中《蔬菜新品种选育及种子标准化生产技术研究与示范》项目获得自治区科技进步二等奖。石嘴山市种子站2018年入选石嘴山市第三批科技创新团队，2019年蔬菜品种选育及种子繁育技术研究人才小高地获得市委组织部命名。截至2022年，全市主要农作物良种覆盖率提高到98%，良种在农业增产中的贡献率达到48%以上。通过泰金种业等一批科技型种子龙头企业的自主创新发展，不仅让石嘴山种业逐步实现了育种方式由传统育种向现代分子育种的转变，由高产型品种选育目标向高产、优质、高效、生态、安全型品种选育目标的转变，还让石嘴山种子走向了全国，走向了世界。

（四）种业企业发展和产业人才队伍建设情况。截至2022年，全市种子生产企业有26家，拥有固定资产2.95亿元，注册资本在3000万元以上的3家，500万元以上的9家，200万元以上的14家，其中自治区级农业产业化重点龙头企业5家，市级10家，带动了7660户近3万人从事各类种子生产。26家企业现有从事种子生产、管理、经营人员161人，具有农业专科学历以上的专业技术人员31人，占19.3%。专业技术人员主要集中在泰金种业、中青种业、上海种业、穗丰种业等企业，其他制种企业以家族式成员为主。市县（区）种子管理部门现有工作人员32人，从事农作物制种的技术人员10人，占31.3%。

（五）种质资源保护与利用情况。2020年按照自治区农业农村厅的安排，石嘴山市农业农村局在惠农区、平罗县开展了国家第三次农作物种质资源普查与收集行动,对县域内粮食、经济、蔬菜、果树、牧草等栽培作物,古老、独特、珍稀地方品种及列入国家重点保护的作物野生近缘植物等进行了全面普查,共调查收集有效种质资源52份,其中粮食作物类4份、经济作物类6份、蔬菜类40份、果树类2份,征集到的各类品种已送到自治区农科院种质所进行鉴别。我市部分种子企业(泰金种业、昊玉种业、中青种业、上海种业等)针对市场和业务需求开展以育种应用为目的种质资源收集保存,分别动态保存种质资源(品系)玉米300多份、蔬菜500多份。

二、石嘴山市农作物种业发展存在的主要问题

(一)制种企业整体运行质量不高,带动能力不强。全市26家制种企业中,除泰金种业、中青种业、上海种业、昊玉种业四家企业有自主知识产权品种之外,多数企业为家族式企业,缺乏现代企业的经营管理理念和自主知识产权品种;在产业发展中,大多企业以代繁常规品种为主,品种庞杂,制种作物价格优势不明显,市场竞争力不强,整体经济效益较低,带动农户增收不显著,效益低的常规制种作物面积逐年减少。

(二)缺乏专业实用人才,产业发展缺乏动力。近年来我市一直重视企业人员的技能培训工作,但从事制种产业的生产人员整体素质不高,技术更新能力不强。许多企业的人员都是半路出家或子承父业,没有系统地学习制种专业技术知识,仅偏重常规品种简单繁种,对品种提纯复壮、茄果类、瓜类等杂交制种新技术不掌握,难以承接高附加值的繁种订单。由于种子产品附加值不高,加之开展品种提纯复壮不系统,带来种子产品质量不高,影响了企业种子市场竞争力,致使企业收入增长受限,后续发展缺乏动力。

(三)产业品种结构性矛盾突出,科技研发投入不足。制种产业结构不合理,多以菜豆、菠菜、韭葱等传统常规技术繁种为主,绝大多数种子企业仍处于价值链的低端,亩产值效益在2300~3000元之间,与杂交制种亩产值相差0.5~1.8万元。同时,对制种产业发展前沿目标不明确,生产的种子适销不对路,缺乏具有竞争力的品种和品牌,在品种选育研发上投入少之又少,制约了企业高质、高效发展。

(四)保障支撑力度不够,生产需求难以得到满足。一是制种基地基础设施配套不完善。节水滴灌等高效农作物节水设施配套比例较小,部分制种基地农田排灌设施存在老化失修情况。二是政府政策性支持力度不够。受经济下行压力影响,市、县支持产业发展的扶持资金投入严重不足。三是农用生产性建设用地落实难。虽然国家明确规定农业规模经营主体有一定的附属设施用地指标，但由于缺乏具体的量化标准和详细、可操作的实施办法，使得许多制种企业生产管理用房、冷库、晾晒场地等农业附属设施用地紧张、审批难。四是农作物制种未纳入农业保险覆盖面，生产风险不易化解。目前蔬菜制种保险赔付额仅按照蔬菜大田产值进行赔付，尤其是蔬菜杂交制种亩产值在万元以上，遇到特殊年份减产得到的赔付保额仅有三分之一或四分之一，经济损失难以及时得到弥补，企业和农户推广杂交制种新技术积极性不高。

（五）种质资源保护和利用水平不高。多年前，相关机构虽曾对我市农业种质资源进行过部分调查，但缺乏全面系统普查，种质资源收集保存较少。育种企业持有保存的特色种质资源不多，造成育种材料的种质趋同现象。地方特色农作物种质资源开发利用不足，蔬菜、花卉、果树等种质资源缺乏有效利用，没有发挥地方特色种质资源的经济价值。

三、石嘴山市农作物种业发展建议

（一）加大政策支持，引导多元投入

1.完善基础设施建设。在符合规划的前提下，采取政府与社会资本共同投资建设模式，完善园区内供水、排水、供电、供气、道路、网络、土地平整等基础设施建设，积极为具有"育繁推"一体化的现代农作物种业集团或企业做好入园准备。

2.加强农业用地保障。对入驻种子小镇招商引资项目用地，采取"点供"方式保障用地需求。农业生产设施用地、直接用于或者服务于农业生产的附属设施和配套设施用地，按农用地管理，无需办理农用地转用审批手续。

3.加大财政扶持力度。建立"政府引导、企业为主、多元参与"的种业投入机制，综合运用补助、贴息、担保、以奖代补等手段，加大政府性资金对种质创新、种子质量检验体系、品种区域试验体系、规模化良种繁育基地建设等方面的投入力度。积极探索、鼓励支持保险机构建立有利于种业发展的保险制度。

（二）鼓励以企业为主体，以科技创新为驱动全面提升种业研发实力

建立常规育种和现代生物育种相融合的育种技术体系，支持对现代农业育种领域基础性、关键性重大理论与技术问题开展联合攻关，为高效现代种业发展提供强大的技术支撑。对培育的新品种取得国家审定的奖补5万元，取得自治区审定的奖补3万元，取得农业农村部品种登记的奖补2万元。

（三）加大对外营销推介力度，着力提升产业知名度，以品牌创建带动富民增收

利用每年一届的宁夏种业博览会，不断加大对石嘴山种业乃至宁夏种业的对外宣传力度，鼓励和组织龙头企业参加全国各类大型种子展示、推介、交易活动，宣传石嘴山种业发展的优势，提升优势制种业在全国的地位。每年组织全市制种企业参加2~4个全国主要种子交易会，通过展位补贴的方式，为种子产品提供良好的销售平台。大力实施品牌战略，强化品牌保护，再打造一批"石嘴山架豆种子""石嘴山菠菜种子"等区域品牌、企业品牌和产品品牌，加快从"卖产品"向"卖品牌"转变，将资源优势转化为市场竞争优势，实现质量与效益的同步提高。

（四）建立人才支撑长效机制，提升种子企业持续发展能力

一是加大针对性培训力度。依托新型职业农民培训、农民科技培训等项目，细化培训对象，分类确定培训内容和培训方式，加强对制种企业、合作社、制种大户、家庭农场经营者的技术培训，提高其生产技能和经营管理水平。二是引进农村实用人才。创新激励机制，通过奖补等方式，引进农业职业经理人。营造宽松良好环境，引导行政机关、企事业单位农业科技人才和科研院所的科研人员到种子企业任职兼职，并给予优惠政策支持。

（五）强化种质资源创新应用和推进应用型种质资源保护

鼓励重点科研机构和育繁推一体化企业利用种质资源进行开发研究和育种创新，鼓励开展联合攻关，利用基因技术开展种质资源创新应用，鼓励蔬菜、花卉等地方特色作物种质资源的创新应用。针对我市种质资源保存条件薄弱的现状，继续探索以开发利用促资源保护的策略，支持科研机构和育繁推一体化企业申报农业种质资源保护与利用项目，引导根据业务需要收集与保存相关种质资源，进行开发利用研究，走市场化种质资源保护之路。

（撰稿：李虹、刘斌）

紧盯"三个链条" 推动农产品加工业高质量发展

近年来，石嘴山市以推进乡村全面振兴为引领，紧盯农产品加工业延链补链强链，推动产业高质量发展。2022年，全市农产品加工企业发展到215家，农产品加工业总产值达到38亿元、同比增长11.7%，线上交易额达到1.07亿元、同比增长10%，农副产品加工转化率达72%，农产品加工企业通过土地流转、订单收购等合作模式，解决5.6万农村居民就业，人均增收1.88万元。

一、主要措施及成效

（一）紧盯延长产业链，重点抓主体培育壮大。2020年以来，市本级累计安排专项资金800万元，用于奖补企业开展技改扩建和示范评定，通过资金撬动、政策引导，先后指导实施农产品加工企业改扩建项目32个、完成投资超7亿元，引进福建菌草集团、北京岳氏集团等16家农产品加工企业在我市投资置业，全市年营业收入百万元以上的农产品加工企业达到112家，超亿元的2家；培育市级以上农业产业化龙头企业96家，其中自治区级龙头企业51家；开展绿色食品加工企业评星定级，三星级以上绿色食品加工企业达到20家。立足产业发展区域功能定位，建成惠农区绿色农产品加工园、平罗县轻工园、绿色农产品流通产业园等农产品加工园区，惠农区绿色农产品加工园被认定为自治区级农业高新技术产业示范区，不断提升园区科技研发、物流等公共服务能力，逐步吸引了利荣生物、中粮米业等48家农产品加工企业入园发展，园区年产值接近全市农产品加工业总产值的70%，产业集中度和辐射带动能力不断增强。

（二）紧盯保障供应链，重点抓基地培育建设。聚焦资源禀赋和特色优势，全力打造通伏鱼米之乡、姚伏番茄之乡、河东万亩沙漠瓜菜基地，稳步推进河东现代奶业示范区、宝丰羊业小镇生产基

地建设。成功创建盈丰、乐牧高仁等国家绿色农产品标准化集成示范基地5个，塞上春、乐海山等自治区绿色优质农产品标准化基地5个，华泰农、牛德草等自治区全域绿色食品标准化原料基地8个，正在打造全产业链标准化示范基地4个、农产品出口标准化基地2个。积极引导利荣生物、华泰农等企业通过订单种植、土地流转等形式，扩大原料生产基地，全市绿色食品标准化原料生产基地达到32万亩，为农产品加工企业提供了充足的原料供应。

（三）紧盯提升价值链，重点抓品牌培育打造。着力提升"珍硒石嘴山"区域公用品牌的影响力和知名度，建设富硒农产品生产基地15个，打造富硒农产品品牌11个，销售产品增值1910万元、实现亩增效450元以上，"小店子富硒米""红蜡滴富硒枸杞"等5个产品获批全国优质富硒农产品。新认证绿色食品8个、地理标志证明商标1个，全市"两品一标"农产品达到45个，"李岗甜瓜""李岗西瓜"被收录为全国名特优新农产品名录。引导企业在杭州、福州建设牛羊肉、葡萄酒等名优特色农产品外销窗口，全市绿色食品外销窗口达到51个，"黄渠桥羊羔肉"等特色农产品走上央视。吴帅、沙湖食品等企业在抖音、快手平台开展联动直播，每年组织农产品企业参加宁夏品质中国行、农博会、农交会等知名农产品宣传推介活动10场次以上。支持企业开展农产品线上线下融合销售，充分借助抖音、快手等平台，开展农产品直播带货，涌现出了"丁大头"丁红军、"枸杞皇后"张红霞等一批带货达人，培育了"沙湖辣酱""沙湖雪"石磨面粉等一批网红产品，2022年全市农产品线上销售额达

1.07亿元。

二、促进农产品加工业提质增效的对策建议

（一）"外引"和"内培"并重，培育壮大龙头企业。牢牢抓住农业产业化龙头企业培育这个关键，加大招商引资力度，培育壮大加工主体，引导产业关联度大、对行业或区域经济带动能力强的优势企业进行强强联合，向集团化发展，提高市场开拓能力和技术创新能力，发挥规模效益、品牌效益，打造行业领军企业。积极开展产业链招商，引入和配套一批技术理念先进、适合本地发展的优秀企业，推动招商引资与地方产业融合发展。

（二）"创新"和"引导"并重，提高科技赋农水平。推进科技创新"双倍增"计划，推动创新型示范企业创建，形成产业链上中下游、大中小企业融通创新格局。支持农产品加工龙头企业实施技术改造、建设原料基地等，引导企业不断加大科技投入，加快先进成果转移转化进度。鼓励创业创新，配套相应扶持政策，引导科技人员、返乡大学生等到农村创业，大力培育乡村新产业、新业态，为乡村产业发展注入新动能。

（三）"规划"和"配套"并重，推进基础设施建设。加大农产品加工园区的建设力度，统筹解决企业用地、用水、用电问题，减轻企业负担。与建设现代农业产业园、产业强镇等重点项目相结合，集中人力、物力、财力投入，提高园区建设水平和发展活力。运用仓储管理系统、分选加工管理系统、运输管理系统等信息化软件，提高冷链物流设施装备现代化水平。优化供应链体系，将加工、分选等环节前置到产地，降低物流成本，提高流通效率。

（四）"品质"和"品牌"并重，构建营销网络体系。以提升品质为根本，以做强品牌为抓手，加大农业营销网络体系建设，整合各类农产品品牌宣传资金，建立农产品打包推介机制，加大对区域公用品牌打造力度，推进标准化生产，健全葡萄酒、肉羊等特色产业标准体系，完善农产品行业技术规程、产品质量标准、产品检测和管理规范体系，进一步提高我市农产品品牌影响力和市场美誉度。

（撰稿：陈志远、田帅）

龙泉村:做好"旅游+"文章　铺就村强民富路

　　龙泉村隶属石嘴山市大武口区长胜街道办事处,因村内有9个天然泉眼而得名,村域面积8平方千米,现有人口355户1164人。近年来,龙泉村充分挖掘自然景观、田园风光和历史文化资源,做好"旅游+"文章,通过美环境、兴产业、优治理,创造了"1+1>2"的价值,铺就了一条强村富民路。2021年村集体经营性收入203万元,农民人均可支配收入达到2.1万元。龙泉村已逐步发展成为集乡村旅游、民俗体验、休闲度假为一体的宜居宜业宜游村庄,先后被评为全国文明村、全国生态文化村、中国美丽休闲乡村、全国乡村旅游重点村、全国乡村治理示范村。

　　一、旅游+特色打造,让村落活起来

　　以大力发展乡村旅游为契机,引进杭州火石品牌策划公司,以"小组团、多风格、低成本、乡土化"为理念,结合"山、庄、田、泉"错落有致的地理形态,将村容村貌景观按照4A级旅游景区标准进行升级打造,建设了核心接待区、泉水养生区、泉耕生态区、泉上农庄休闲区、民俗文化区、田园农乐区、泉润枣树区七大功能分区,满足了不同游客的体验和需求。按照"一村一品、一户一特"的思路,对全村310户居民房屋外墙、院墙及院门进行了修缮、美化,村里的"老房子"换上了"新装扮",形成了独具特色、个性鲜明的村庄风貌。

　　二、旅游+环境治理,让村庄靓起来

　　以"两山"理论实践创新基地为起点,先后实施贺兰山自然保护区缓冲区生态修复、村庄生态资源保护、土地资源合理开发等项目,累计栽植山桃、山杏、侧柏等树种7万余棵,保育百年以上古树111棵,村内绿化覆盖率达60%以上,初步形成了"家家有果园，户户有古树"的生态布局。投资1.1亿元完成生态环境修复、科普文化长廊、集污管网入户改造、道路硬化等项目，村庄基础设施日益完善。采用"农户+公司+村监会"的环境治理模式，农户负责"门前三包"，兰岳龙泉旅游有限公司负责村庄公共区域环境卫生整治，村监会负责定期检查考核评比，建立了"户清扫、企业整治、村监督"的环境卫生管护长效机制，确保村庄整洁，无卫生死角。如今，一幅"山水相映、林木繁盛、瓜果飘香"的美丽乡村新画卷正徐徐展开。

三、旅游+资源盘活，让产业旺起来

通过村委会引导、农民自愿、社会参与的方式，多种途径盘活闲置宅基地和闲置住宅资源，村庄农宅空置率由原来的50%下降到目前5%之内，昔日破旧闲置的农房变成为农民增收致富的"聚宝盆"。村委会统一收储整治农民闲置宅基地和闲置住宅，采取出租经营或合作经营的方式，吸引工商企业发展休闲农业、观光体验旅游、康养产业等新产业新业态，建成了龙泉客栈、田园香居等高端民宿，厚德酒坊等农产品加工企业、宁夏济仁堂等康养企业入驻龙泉村。引导村民回流到农村利用闲置农房就地创业，打造出郭江老磨坊、乡间别署等51家本土农家乐，带动500余人创业就业。通过盘活农村闲置土地资源，打通城乡间资本、人才等要素的流通渠道，拓宽了龙泉村产业发展空间，逐步形成"吃住学游购娱"全要素多领域的旅游新业态，2021年接待游客总量116万人次，接待区内外培训人数18 562人，龙泉村成为石嘴山市乡村旅游的靓丽名片。

四、旅游+文化传承，让乡风美起来

把乡村旅游作为经济发展的主引擎，提升乡村旅游的文化内涵。积极挖掘龙泉村抗美援朝老战士的英雄事迹和龙泉村"红旗渠"的故事，建设党史学习教育长廊，打造党史学习教育"红色线路"，让村民和游客在参观游览中感悟初心使命、坚定理想信念。充分利用保留

的明代长城、烽火台、贺兰山岩画、汉代遗址等珍贵历史古迹,建设龙泉村三馆一中心,展示汉砖瓦、陶俑等文物,彰显了龙泉村悠久绵长的人文历史,成为村民和游客追忆过去、耕读传家的精神家园。组织开展中国农民丰收节、跟着抖音逛龙泉等活动,获得了良好的社会口碑。开展"致富能手""最美庭院""最美儿媳""最美母亲"等评比活动,引导村民争当乡风文明建设的传播者、爱护环境的先行者、新农村建设的推动者、经济发展的实践者,形成了尊老敬老、团结乡邻、勤劳致富、爱护环境的良好氛围。

(撰稿:董明华)

石嘴山市葡萄酒产业发展现状、
存在问题及对策建议

近年来，按照习近平总书记对宁夏葡萄酒产业发展的重要指示批示精神和自治区、石嘴山市委、市政府推进重点特色产业发展的决策部署，我市坚持以绿色化、融合化、品牌化发展为目标，高标准打造优质基地、大力度创新营销模式、全方位提升品牌影响，加快构建现代葡萄酒产业体系，推动全市葡萄酒产业高质量发展。

一、葡萄酒产业发展现状

近年来，石嘴山市认真贯彻落实《自治区贺兰山东麓葡萄酒产区保护条例》，成立市级领导包抓重点产业专班，按照自治区党委、政府及葡萄酒产业专班的决策部署，紧盯目标任务，全力抓好葡萄酒产业招商引资、基地建设、提升改造、融合发展等重点任务，努力实现葡萄酒产业高质量跨越式发展。截至目前，全市现有贺东庄园、西御王泉、玖禧酩庄3家葡萄酒庄，酿酒葡萄种植面积5500亩，年产优质葡萄酒近400吨，产值7000万元。培育"贺东""西御王泉""遇

贺东庄园葡萄酒小镇

贺东庄园葡萄种植基地

悦""耘梦"等知名葡萄酒品牌,先后在布鲁塞尔、德国柏林、品醇客葡萄酒大赛中获得多个顶级大奖。贺东庄园先后获得中国红酒十大品牌、宁夏名牌产品、自治区第十届著名商标等荣誉。

二、存在的主要问题

(一)产业化、组织化程度较低。我市葡萄酒产业在全区占比小,酿酒葡萄种植面积占全区的不到1%,产值占全区的0.2%,全市葡萄种植基地小、产值小、酒庄少,加上栽培技术落后,集约化、规范化、机械化、信息化水平低,我市葡萄酒产业小实力弱。

(二)产业发展后劲不足。贺兰山东麓石嘴山辖区地域狭长,沿线分布有城镇、生态保护区、水源地和工业园区,可用于种植葡萄的土地存量不足,而且土地"碎片化"严重,土地权属复杂,水、电、气、环保、文旅等基础设施难以配套到位,特别是灌水困难、成本高,制约了葡萄酒产业的发展。

(三)产品核心竞争力不强。全市酿酒葡萄主栽品种结构单一,主要以赤霞珠、品丽珠等为主,产品同质化严重,品牌多而杂,规模小且产量低,小生产与大市场矛盾突出。葡萄酒精深加工技术和工艺落后,文旅融合发展还有待加强。

三、对策建议

下一步,我们将从四个方面发力,推动全市葡萄酒产业高质量发展。

(一)科技助力强支撑,升级改造提质效。发挥科技支撑作用,提升葡萄酒产业质效。一是培育优良品种,健全标准体系。结合我市气候等特点,引进和筛选适合我市的品种品系。健全投入品管控、农药残留、产品加工、储运保鲜等关键环节标准,构建覆盖产前、产中、产后全过程标准体系,从源头提升酿酒葡萄质量。二是加强技术服务，提升发展质量。加大校企合作力度，聘请宁夏大学、宁夏农科院等专家，为葡萄种植基地提供病虫害防治、田间管理等技术培训指导和服务，开展葡萄栽培及葡萄酒产业的技术创新、管理创新和文化创新。三是支持企业加大科技投入，加大技术改造力度，深入研究产业关键性技术，提升葡萄酒酿造水平，推动葡萄酒产业高质量发展。

（二）铆足干劲抓项目，千方百计增活力。抢抓机遇谋项目。整合自然资源、农业农村、文旅广电等部门资源，借助国家政策支持方向，谋划贺兰山东麓葡萄生态长廊、精品酒庄升级改造、葡萄酒文旅融合等项目，延伸产业链条。凝心聚力抓项目。全力推进贺兰山东麓汪家庄段、平罗县崇岗段葡萄种植基地现代高效节水项目，加快推进贺东庄园、西御王泉酒庄种植基地、宁疆农业科技发展有限公司葡萄种植基地新扩建项目，增添产业发展后劲。非常之力招项目。锚定全国知名葡萄酒企业、经销商、国家级龙头企业，开展以商招商、精准招商、产业链招商。紧盯贺东庄园与上海汉竹、上海百富泰三方已签订的共建精品酒庄合作协议，全力以赴做好对接服务，确保项目落地见效。

（三）依托资源创品牌，集聚发展促融合。依托沙湖、武当庙、明长城、王泉沟等深厚的历史文化、民俗风情、自然生态、文物古迹、葡萄文化等旅游资源，将葡萄产业基地与重点旅游资源进行捆绑式开发，构建葡萄酒旅游融合发展新格局，营造"山趣、味美、田园、探险、休闲、体验、品鉴"于一体的贺兰山东麓葡萄酒文化旅游带。整合常青村红树莓观光园、龙泉村、贺东庄园、星海湖国家湿地公园、中华奇石山、王泉沟、大地天香景区，打造集登山野营、生态观光、葡萄研学、休闲度假、乡村民宿等多功能于一体的特色旅游休闲精品路线，使之成为美丽石嘴山新景点。

（四）发挥政策引导作用，促进产业高质量发展。严格落实市级领导包抓专班推进工作机制，加大工作推进力度。强化政策支持，整合各类项目资金，优化扶持政策。将葡萄酒产业发展用地纳入市、县（区）国土空间规划和重大项目列表，预留指标，保障用地。强化金融支持，积极协调对接金融机构，创新金融信贷产品和贷款担保方式，建立葡萄酒庄股权质押、葡萄园等不动产质押融资机制。加大考核宣传，将葡萄酒产业发展纳入市效能目标管理考核，与乡村振兴同安排、同部署、同考核。加大葡萄酒产业相关政策的宣传力度，提高各类主体参与葡萄酒产业发展的积极性。

（撰稿：雍文龙）

抢抓"互联网+"发展机遇
打造农村经济增长新引擎

近年来,我市立足自身资源优势,依托"互联网+"信息技术,大力发展农村电子商务。从传统商贸流通服务企业发展电子商务、电子商务进入生产加工企业、便民电子商务深入社区三个方面,为农产品搭建了高效的产销对接平台。在拓展电子商务领域、推动产业发展和乡村振兴、带动农民增收致富中发挥了巨大的作用。

一、主要做法

(一)科学谋划,以电商赋能农业,推动农业产业化快速发展。随着宁夏在全国率先实现电子商务进农村省域全覆盖,我市也把加快发展农村电子商务作为推动乡村振兴和助力农民脱贫致富的重要举措,以构建农村现代流通体系为目标,以电子商务进农村综合示范工作为抓手,扎实推动电子商务进农村、进社区等项目,使得农村物流、乡村旅游、农村金融等服务体系逐渐下沉,为我市经济发展带来了内生动力。成立了由市政府分管副市长任组长,发改、财政、农业农村、商务、市场监管局等有关负责人为成员的农村电子商务全域化工作领导小组,推进全市的电子商务进农村工作的有序开展。制定出台了《石嘴山市农村电子商务全域化发展三年行动计划》,明确提出了适应我市实际的电商发展模式、实施路径和发展思路,为更好更快地推动我市农村电商发展奠定了基础。截至2021年,全市注册电子商务经营主体467家,电商销售农产品种类多达140多种。其中,枸杞、粮油、牛羊肉等特色农产品成为网络零售增长主引擎。沙湖辣椒酱等3款产品被评为宁夏电商明

星产品。到2021年底,全市农产品网络销售额达到9260万元,同比增长22.2%。

(二)优化农村电商发展环境,县域电商全面提升。一是完善公共服务中心功能。高标准建设了2个县级电子商务服务中心,为全市电商企业及创业者提供产品研发、品牌设计、网络运营等服务,有效解决了企业发展初期无人可用和用人成本过高等问题,服务农村电商发展能力明显提升。2020年,我市平罗县被评为全国电子商务进农村综合示范县。二是整合快递物流资源,降低物流成本。培育支撑电子商务快递物流企业37家,整合顺丰、申通、圆通等企业入驻京豪物流园,构建集仓储、封装、加工、理货、配送、运输、质检于一体的物流体系。建成村级电商服务站点120个,村级快递服务站点68个,优化14条邮政线路,实行投递员直投+网点站点转投相结合的投递模式,使得县域内物流成本降低25%。三是持续开展示范创建,培育人才促发展。确定了宝丰镇、灵沙乡、通伏乡、红果子镇、庙台乡等电商示范乡镇,马场村、高荣村、马家湾村、东永固村等电商示范村。累计举办电商培训32期,参训人员达到4100人次;培育了昊帅、周福乐等13家电商示范企业,实现了"实体+线上"两条腿走路模式转型。

(三)质量保障,品牌引领。一是探索构建了农产品"合格证+追溯"二位一体的农产品质量安全监管新格局。进一步健全农产品质量检测检验体系,推进农产品质量可追溯体系。二是加强"两品一标"的认证和品牌创建。通过"评星定级"等方式,鼓励引导农业龙头企业、绿色食品加工企业等生产经营主体,加大"两品一标"申报认证和品牌培育的热情和力度,全面提高绿色优质农产品比重。全市"两品一标"农产品达到16个,正在申报的绿色食品4个;通福香大米、周福乐食用油等20个农产品入选全区特色优质农产品品牌目录。三是做好区域公用品牌文章。围绕优质粮食、特色瓜菜、牛羊肉、枸杞、葡萄酒等特色产业,充分发挥"珍硒石嘴山"的核心营销价值和竞争实力,进一步带动我市特色优质农产品出村进城、走向市场。截至2022年,全市已建成富硒农产品生产基地50个,开展富硒农产品技术研究试验11项,培育了"绿厢记""盈夏红""惠香源"等富硒农产品品牌13个,宁夏实民粮油公司富硒面粉、宁夏宁羊公司富硒肉羊等两家企业产品获得富硒农产品认证。四是强化宣传推介叫得响的品牌,扩大自有农产品的影响力。积极筹划"珍硒农品·畅购双节""喜闹新春·乐享双节"石嘴山市名优特色农产品促消费系列活动,成功举办2021全民电商节。组织优质绿色农产品参加区内外农产品交易会、博览、展示展销会等推介活动,支持办好"中国农民丰收节""种业博览会",加大外销窗口建设力度,进一步提高市场占有率和产品美誉度。

(四)创新营销模式,拓宽农产品网络销售渠道。一是着力发展电商平台。进一步推广产地直销、订单服务等模式,推进农业经营主体与京东、天猫等知名平台深度衔接。昊帅粮油、超娃米业、链杞枸杞、实民石磨面粉等传统企业入驻京东、天猫等主流电商平台,开设了特色馆、旗舰店、自营店,实现了"线上+线下"融合发展。昊帅粮油实现亚麻籽油网上销售全国第八、全区第一的好成绩,还被评为宁夏电商明星企业。二是引导发展社区电商。打造"农产品特色一条街",建设一座占地4 000多平方米的"互联网+"农特产品展示中心;支持新百超市、宁夏一礼等企业建设网上超市、社区电商便民超市,实现线下体验、线上下单、配送到家的智能化销售体系,提高了居民生活便利化水平。三是支持直播电商。集中开展"百企千村"特色农产品线上直播活动,在抖音、快手等平台联动直播,直播现场邀请政府主要领导为我市特色农产品代言,支持企业邀请网络达人直播带货。宁夏昊帅粮油有限责任公司生产加工的粮油远销北京、上海、广东等地;宁夏灏瀚生物生产的枸杞干果出口到美国、加拿大、英国、荷兰、澳大利亚、日本等国家和地区。

二、农村电商发展的瓶颈

(一)品牌力不强。网上销售的140多种特色农产品,存在量小不优、包装设计不够精美、产品美誉度不够等问题。大品牌农产品、特色农产品上行通道难以打开,极大地制约了我市农村电商的进一步发展。

(二)电商人才缺乏。我市电子商务行业快速发展与人才供应不足矛盾突出,尤其是直播带货、抖音达人、流通信息化等电子商务专业团队技术人才短缺,农产品网络营销主要局限于依托第三方电商平台营销等常规模式,网络营销手段单一,一定程度已成为制约我市电商发展、推广农产品的重要因素。

(三)体制不完善。2018年市政府出台了《石嘴山市农村电子商务全域化发展三年行动计划》,但政府相关部门联络机制尚未真正建立起来,电商发展仍然停留在企业自由发展的阶段。市、县(区)均未设立电商发展基金,发展电商的政策资金不足。

（四）物流配送体系滞后。我市地处西北偏远地区，交通运输条件较不发达，虽然已经开始实施冷链物流项目，但是现有的物流配送体系还不够健全，大多数农产品物流配送依赖于其他物流公司。在我市快递费首公斤在4~5元，而银川、中宁已经实现了首公斤1.6~2元。

三、农村电商高质量发展的对策建议

（一）加大政策扶持。市县两级政府要高度重视，加大引导扶持，制定农村电商长期发展规划，明确思路、目标和举措，营造有利的政策环境。加大财政投入，整合各项涉农资金，设立专项发展资金，综合利用以奖代补、贷款贴息、减免租金、加强配套设施等手段，着力打造电商平台和服务体系。引导金融机构加大授信和贷款支持，简化贷款手续，发放以品牌为基础的商标权、专利权等抵押贷款，破解创业主体及小微企业融资贷款难问题。

（二）深挖本地特色农产品内涵，培育叫得响的品牌。农村电商的主要优势在于特色，要围绕"特"字来做文章。结合我市丰富的富硒资源和特色优势产业，着力培育一批市场信誉度高、影响力大的区域公用品牌、企业品牌和产品品牌。用好"珍硒石嘴山"区域公用品牌。及时借势开展线上线下宣传推广，在京东、天猫平台等建立石嘴山特产馆，建立具有政府背书、品质保证、品牌引领的官方旗舰店，着力推荐"珍硒石嘴山"授权使用的农产品。通过品牌引领，扩大生产规模，加强新品开发，做强富硒农产品个体品牌。专注培育一批叫得响的品牌，提高线上产品的品质及附加值。

（三）强化产销融合，完善物流体系。加强基础交通建设，推进冷链物流基础设施共享，引导生产基地与生鲜电商平台对接合作，开发"基地+配送+消费者"网络零售产销模式，开展网络批发、网订店取、直供直销、定制生产、订单配送等服务，实现产地与用户零距离对接。将电商与乡村旅游结合，举办全市休闲农业及特色农产品展销会，宣传和推介我市休闲农业和乡村旅游景点以及特色农产品，提升我市休闲农业及乡村旅游业知名度、提高旅游人次，增加特色农产品销售量。

（四）培育电商示范企业，培养电商人才。依托石嘴山市职业技术教育学院、石嘴山市网创电商培训中心等平台，定期举办农产品电子商务培训班，帮助农民、返乡创业人员、新型经营主体掌握电商营销技能。积极举办创业沙龙、创业大赛等活动，培育电商创业领军企业和人才，挖掘农村电商的先进典型和成功案例，带动创业人员发家致富。

（五）发挥协会作用。聚集全市有意愿发展电商的农产品生产企业,指导农产品电商经营主体成立农产品电商协会,努力构建电子商务的新体系,凝聚产业发展力量,提供良好环境和平台。通过协会的作用,搭建政府与企业、企业与企业之间桥梁和纽带,引导行业健康发展。

（撰稿:孙云霞）

石嘴山市重点特色产业发展资源承载力调研报告

近年来，石嘴山市以现代农业发展为主线，以特色产业发展为重点，立足资源、经济和农业生产等实际，瞄准农业发展趋势，充分发挥我市产业优势。近期石嘴山市农业农村局围绕冷凉蔬菜、牛奶、肉牛肉羊、生态水产等产业，从土地承载力、饲草料供给力和环境承载力等方面进行调研论证，形成如下调研报告。

一、全市土地及水资源基本情况

（一）土地资源情况。根据《石嘴山市第三次国土调查主要数据公报》（2022年3月7日公布），石嘴山市土地总面积565.08万亩，其中：耕地167.19万亩（划定永久基本农田面积100.5万亩）；园地3.08万亩；林地48.61万亩；草地206.80万亩，湿地4.52万亩，城镇村及工矿用地60.83万亩，交通运输用地11.48万亩，水域及水利设施用地62.57万亩。截至2021年末，全市未利用地65万亩。

（二）水资源情况。根据《自治区水利厅关于印发2023年宁夏水量分配及调度计划的通知》（宁水资发〔2023〕4号），分配我市取水指标12.655亿立方米，其中农业用水10.537亿立方米，亩均灌溉用水630立方米，勉强满足现有农业灌溉需求。根据自治区《关于深化"六权"改革的意见》（宁党办〔2023〕52号）文件，要严格落实水资源刚性约束，全方位落实"四水四定"原则，实行水资源消耗总量和强度"双控"，2023年、2024年、2025年农业用水占比分别下降到71.2%、70.2%、69.3%，农业用水更加趋紧。

二、全市农业产业用地情况

（一）种植业。全市耕地面积167.19万亩。2022年，粮食播种面积107.78万亩（夏粮播种面积20.04万亩，秋粮播种面积87.74万亩），约占耕地总面积的64.5%；瓜菜种植面积14.14万亩（设施瓜菜2.53万亩、露地瓜菜11.6万亩），约占耕地面积的8.4%；油料作物5万亩（其中葵花籽4.5万亩、其他0.5万亩），约占耕地面积的3%；其他40万亩（包括饲草31万亩、中草药等9万亩），约占耕地面积的24%。

（二）畜牧业。2022年末全市种植各类优质牧草31万亩,其中,青贮玉米22万亩,苜蓿8万亩,燕麦草等一年两茬高效复种1万亩。

（三）渔业。全市渔业养殖面积14.32万亩,其中,精养池塘12.32万亩,大水面生态养殖2万亩,设施渔业10万立方米。

（四）其他产业用地情况。葡萄酒产业发展用地主要利用贺兰山东麓山坡未利用地,现有种植面积0.55万亩,枸杞产业主要利用一般耕地,现有种植面积0.93万亩。

三、农业重点产业土地承载能力情况

（一）冷凉蔬菜产业。全市耕地面积167.19万亩,划定永久基本农田100.5万亩,一般耕地66.67万亩。按照国务院办公厅《关于防止耕地"非粮化"稳定粮食生产的意见》要求,永久基本农田重点用于发展粮食生产,特别是保障稻谷、小麦、玉米三大谷物的种植面积,一般耕地应主要用于粮食和棉、油、糖、蔬菜等农产品及饲草饲料生产。"十四五"以来,全市粮食实际播种面积稳定在110万亩左右,全市永久基本农田不足以保障当前粮食安全生产,每年从一般耕地中调剂10万亩左右才能保障粮食安全。当前,在确保粮食安全、油料安全的前提下,综合考虑畜牧业发展和农村居民种植习惯,扣除大豆、油料及中药材（约10万亩）、饲草料（约30万亩）等其他作物面积,冷凉蔬菜面积最大可发展到20万亩（含麦后复种面积）。

（二）畜牧业。按照土地载畜量两个百分百核心理论,即同一区域土地上,100%的饲料自给和100%畜禽粪便自用。从饲料自给方面分析,奶产业方面,按照每头奶牛每年需求6吨青贮玉米、1吨苜蓿或燕麦草,全市亩均青贮玉米产量3.5吨、苜蓿或燕麦草产量1.2吨,以2022年全市青贮玉米22万亩、苜蓿8万亩、燕麦草1万亩计算,最大可保障12.8万头奶牛饲草量。肉牛肉羊产业方面,按照1头肉牛每年秸秆需用量3吨,1只肉羊每年秸秆需用量0.36吨,以2022年全市农作物秸秆总产量49万吨计算,可最多同时存栏10万头肉牛和52.78万只肉羊（每增加1万头肉牛,肉羊减少2.78万只）。从畜禽粪便自用方面分析,根据农业农村部《畜禽粪污土地承载力测算技术指南》分析,我市现有耕地面积167.17万亩,按照亩均施肥4吨计算,目前总耕地面积可消纳畜禽粪污669万吨,2022年全市畜禽粪污产生量286.8万吨,畜禽粪污产生量占土地承载力的43%,尚有较大粪污消纳空间。

（三）葡萄酒和枸杞产业。葡萄酒和枸杞产业均存在发展用地和水资源保

障不足等问题。葡萄酒产业主要利用贺兰东麓山坡未利用地。2023年,惠农区王泉沟片区、红果子片区和平罗县崇岗镇片区,约有2万亩山坡未利用地规划用于发展葡萄酒产业,但由于水资源紧缺,水源替代工程进展缓慢,山坡未利用地开发进展缓慢。受耕地"非粮化"影响,枸杞产业面临无地可种困境。

（四）生态渔业。从渔业发展用地来看,全市养殖池塘及大水面主要集中在低洼盐碱地域,传统渔业生产新增养殖池塘用地规模增加有限,基本无用地需求。设施渔业将是未来重点发展方向,设施渔业用地主要以建设用地和其他农业领域难于利用的盐碱地为主,不存在与农业争地的矛盾。从渔业养殖用水需求来看,2023年全市渔业养殖面积14.32万亩,传统渔业年需用水量约1.1亿立方米。设施渔业仅需消耗传统渔业1%的水量,便可创造同样的产能。可以从调整渔业养殖结构入手,解决设施渔业用水问题。从渔业对环境承载力的影响来看,渔业对环境影响主要集中在养殖尾水排放方面,我市已实施养殖尾水禁排,对周边环境不会造成影响。同时在全市开展了渔业养殖尾水治理工作,计划逐年将所有养殖池塘全部实施养殖尾水治理。

四、下一步工作建议

（一）合理利用资源,调优产业结构。充分考虑土地资源和水资源,结合自治区"六特"产业布局和我市自然条件、经济状况、农村产业发展的历史与现状,坚持以水定地、以水定产、以地定量,科学合理规划全市特色产业发展布局,实现土地集约高效利用。冷凉蔬菜产业方面（含制种产业）,建议保持最高20万亩规模,适度发展设施农业、菌菇、休闲采摘等高效农业;奶产业方面,建议最大养殖规模控制在13万头为宜;肉牛肉羊方面,建议肉牛肉羊最大存栏量控制在10万头、53万只为宜;葡萄、枸杞产业方面,受耕地和水资源限制,无法实现规模化、产业化发展,不作为重点产业扶持;生态渔业方面,建议保持现有水产养殖规模,调整优化产业结构,支持发展南美白对虾、鲈鱼等高效设施渔业。

（二）提升耕地质量,提高农业质效。实施耕地质量提升行动,加快实施高标准农田建设项目,逐步把永久基本农田全部建成高标准农田。实施盐碱地改良项目,推广耐盐作物,实现盐碱地高效利用。实施沃土工程,全面推行增施有机肥、绿肥种植、秸秆灭茬还田、机深松等"养地"措施,不断提高土地综合生产力。发展现代化高效节水农业,推进节水灌溉建设,推广喷灌、滴灌、管灌、激光平地和水肥一体化精准灌溉技术,不断提升农业高效节水灌溉率。

（三）强化科技支撑,提升农业科技水平。实施种业振兴行动。选育引进粮食、瓜菜等高产、优质、高效农产品新品种,推广示范高效种植技术、绿色技术,推进农业特色产业提质增效。建设高产奶牛核心群,推广良种选育等先进适用技术,培育高产优质奶牛,提高奶牛单产水平。加大肉牛肉羊品种改良力度,开展选种选配、良种繁育、生产性能测定,提高牛羊肉质量和效益。加大工厂化设施水产养殖推广力度,引进斑点叉尾鮰、南美白对虾等名特优新品种,通过设施和温棚池塘等集约养殖方式提升养殖效益。

(四)培优农业特色品牌,促进产业提质增效。纵深推进农产品品种培优、品质提升、品牌打造和标准化生产,大力发展绿色有机农产品品牌。持续提升"珍硒石嘴山"农产品区域公用品牌和"平罗种子""黄渠桥羊羔肉"等地理标志的知名度,大力创建企业品牌和产品品牌。充分利用我市富硒资源优势,加快培育牛奶、瓜菜、牛羊肉、葡萄酒、枸杞等富硒农产品,培育一批质量好、叫得响、影响大的农产品品牌,促进产业链延伸、品牌增值、农民增收。

(撰稿:高全伟、雍文龙)

迭代升级石嘴山农村电商的思考

　　近年来,石嘴山市以"互联网+"农产品出村进城工程为抓手,立足本地富硒特色资源,积极扶持农村电商发展,搭建农产品销售平台,推动农村产业转型升级,助力乡村振兴跑出了加速度。全市农村电商在发展氛围浓厚、经济社会效益显著的成绩下仍存在短板,如何从多个维度迭代升级石嘴山农村电商是我们未来思考的重点。

　　一、目前的做法

　　(一)政策引领支持培育,打造电商发展引擎。集成配套政策,制定出台《石嘴山市加快电子商务产业高质量发展实施方案(2022—2027年)》等政策,做到"量体裁衣"帮助企业顺利"触网"。健全孵化培育机制,积极开展市县乡、政企

多层联动,建成市级特色农产品展销中心1个、数字经济产业园1个,县级电子商务服务中心2个。争取自治区专项资金支持电子商务集群发展,鼓励引导社会资本投资建设电子商务项目。组织开展电商达人、网红达人等培育活动,全年共举办各类电商新模式培训班21期,培训900余人,储备电商人才4100人。

(二)基础建设铺平赛道,打造电商服务体系。持续开展农村电商服务站改造提升工程,推进"互联网+高效物流",发展统仓共配模式,健全农村寄递物流体系,建成京豪、富鑫通仓储物流配送中心2个,整合入驻顺丰、申通、圆通等企业,构建集仓储、封装、加工、理货、配送、运输、质检于一体的物流体系。2022年建成邮快合作快递下乡分拨中心2个、中邮驿站35个、供销e家电商平台1个、村级电子商务服务站120个、村级快递服务站点70个,冷库容量达5万吨左右,农产品物流成本降低10%左右,农村电商的"最后一公里"正逐步打通。

(三)平台集聚创造动力,打造创业创新高地。积极推动社会资本参与电商集聚园区建设,不断引导电商中心运营企业增强自身造血功能,为入驻企业提供品牌设计、金融扶持、个性化运营服务,逐步破解电子商务集聚区单纯靠政府输血生存问题。通过引导,培育"伊源牧场""丁大头""宁羊生鲜"等粉丝过万的直播间和本土直播团队8家、本土网红达人12人,其中1人获评"宁夏新电商达人50强"称号,3人获评宁夏宝藏推荐官,1人获评自治区乡村振兴主播奖。

（四）融合发展升级战略，打造线上线下样板。支持引导昊帅、西粮等20多家农产品加工企业先后入驻京东、天猫等主流电商平台开设特色馆、自营店，进一步推进我市农业经营主体与主流平台深度衔接。鼓励嘉禾花语、绿之海等企业通过抖音、微信小程序探索即时零售新业态。与银联宁夏公司合作，通过云闪付APP软件，引导50余家涉农电商积极参与"珍硒农品·畅购双节""喜闹新春·乐享双节"等名优特色农产品满减优惠促消费系列活动100余场次，着力打造线上线下融合发展示范应用场景，实现线上线下同步运营，2022年累计销售总额达1.5亿多元。

二、未来的思考

（一）在物流合作上主动聚力。一要积聚物流枢纽之力加快打造半小时交通圈。国家物流枢纽是国家物流网络体系的关键节点，具备辐射区域广、集聚效应强、服务功能优、运行效率高的强大体系优势，用最快速度和最短距离接入国家物流枢纽，是当前融入全国"通道+枢纽+网络"现代物流运行体系最经济、最高效的手段。支撑农村电商物流高质量发展的第一环是缩短衔接国家物流枢纽时间，要积极争取自治区党委和政府支持，依托银川作为省会城市和全区唯一的商贸服务型国家物流枢纽承载城市，通过健全多层次、常态化会商机制，创新区域合作模式，谋划实施一批重大城际交通提升项目，进一步加密南北区域，尽快打造石嘴山至银川半小时交通圈，搭建出快速高效的跨区域通道，实现物流交通高速衔接，吸引周边更多的人流、资金流、信息流向石嘴山叠加。二要汇聚头部物流企业之力着重打造高标仓储。农产品受自身易腐易损特性影响和即时零售等电商新业态的兴起，使高标仓储成为支撑农村电商物流高质量发展的又一环。京东、顺丰等一体化综合物流服务企业利用极丰富的供应链管理、物流仓储经验和自身完善的产业链配套，牵手各地建设了一批基于自动分拣系统、智能化分拨中心与全供应链服务体系的高标物流仓储，构建起了供应链综合服务系统+仓储物流基础设施的电商产业服务闭环。农村电商迭代升级对物流高质量发展的要求激增，需要充分激发社会力量和市场主体活力，以头部物流企业为聚力方向，成立工作专班，逐个分类挂号对接，久久为功，用争国家项目的劲头参与头部企业高标物流仓储建设项目，加快应用新技术、新装备，优化冷链仓储结构，发展高端智能仓储，推动我市周边物流园区数字化、网络化、智慧化转型改造升级，达到提质增效降本，推进农村电商物流智能化和仓配一体化的高质量发展。

（二）在体量扩增上善于借力。一要善于借助电商平台赋能之力做大产业规模。乡村振兴是大趋势，助力农产品上行已成为众多电商平台瞄准的新赛道，拼多多"寻鲜中国好农货"，京东乡村振兴"千县名品"，抖音"山货上头条"，"庆丰收、共富裕"快手等各类平台助农活动打造了赋能乡村振兴的线上线下融合矩阵，畅通了农村电商加速发展的大通道。农村电商质变首先要量变，要坚持以平台活动为牵引，畅通京东、拼多多等头部电商和抖音、快手等新媒体电商链接渠道，设置专门机构安排专人，建立深度合作机制，借活动多、形式多、渠道多之力向各大电商寻求大突破，做到不缺位、不错位、不越位，相互合作、协同发展，真正达到沟通合作常态化、活动参加常态化、宣传曝光常态化、流量加持常态化，助力农村电商产业扩面增量。二要善于借好电商产业变革之力发展农村全民电商。阿里研究院数据表明，2022年全国淘宝村数量达7780个。淘宝村的兴起是农村电商集聚发展的必然结果和实践典型，极强的示范带动作用反哺了农村创新创业和人才回流，优化了电商服务体系和产业分工。直播和短视频电商等新业态的风口又使电商产业从网店被动接单的传统销售模式向网红引流、直播带货的新型销售模式转变，主体和业态发生重大变化再一次为催生新淘宝村提供了新契机。一家企业、一个网红单打独斗已无法适应发展需求，搭台才能唱戏、聚集发展合力，必须在更大范围内整合更多资源，依托"六特"产业，搭建农民参与平台，优化完善扶持政策，持续改善创业环境，提供全程陪跑服务，培育多元参与主体，以培树农村电商带头人为示范自上而下发展新农人，以引导更多农民参与电商为根基自下而上发展产业集群，以电商发展氛围浓厚、特色产业聚集度高、交通区位优势明显、集体经济发展突出的村为样本集聚要素发展淘宝村，逐步构建村村有电商、人人做电商的造血式农村电商发展模式。

（三）在融合发展上持续加力。一要加力打造线下实体拉动线下融合线上。数字经济和实体经济加速融合是发展大趋势，线上运营成本增加、流量见顶、增速放缓导致线上开始赋能线下，商务部《2022年中国网络零售市场发展报告》指出以小时达、分钟达为特征的即时零售已经成为消费者购物、实体店增收的主流渠道之一，在扩大优质供给、激发本地消费活力上有着独特优势，预计到2026年即时零售市场规模超万亿，以即时零售为代表的线下实体新业态已成为线上线下互补的风向标。农村电商与旅游融合发展也带动了电商本地化、实体化发展，驱动线下实体成为了最佳落脚点。2023年中央一号文件首次提出了"大力发展共同配送、即时零售等新模式",要利用变革带来的新机遇统筹推进线上线下同步发展,引导企业通过打造特色线下店铺着力发展即时零售等电商新业态,继续借助"宁夏品质中国行"等活动,与东部省市建立消费扶贫协作机制,在福建、浙江等地协助企业开设"O2O"电商体验馆,放大效应、提升销量、稳定合作,通过线下窗口效应逐步反哺线上销量增长。二要加力夜经济促消费拉动线下提振线上。党的二十大报告对"促消费、稳增长"做了部署要求,今年以来各地先后出台了推动夜经济促消费稳增长政策,大力发展夜经济为电商发展提供了重要机遇。通过搭平台、聚人气、引流量,用夜经济助推农产品消费,点亮农业特色品牌,可以进一步开启电商助农的全新篇章。夜经济搭台拉动线下实体的前提是要人走出去,要鼓励实体商业适当延长营业时间,设立线上夜经济专区,将政府机关及企事业单位的上班作息时间调整为朝九晚五,在城市夜市等显著地点打造石嘴山农产品消费地标,在农村举办燎疳节等特色夜活动,与云闪付等金融机构合作发放夜间电子消费券、团购券,扩大名优特新农产品体验式消费,促进直播电商、网红打卡、短视频等新模式与夜经济融合发展,让夜经济成为释放农村电商消费活力的"助燃剂"。

(四)在数智电商上开始发力。一要发力新技术配置数智发展要素资源。数智电商是电商数字化应用发展的新引擎、新阶段、新形态。"十四五"期间,我国数字经济将实现由量变到质变,迎来由大到强的拐点,数字经济已成为驱动创新的动力源泉和引领产业链发生颠覆性变革的重要力量。通过利用先进通信技术和数据分析手段,将农村电商产业全流程数字化、互联网化、智能化,是有效支撑农村电商高质量发展的新基石。创新求变,超前谋划,方能"逆袭",要在ChatGPT、文心一言等AI技术应用即将创造变革的未来,提前进入赛道,抢抓数智电商发展新机遇,建立完善的联合议事协调结构,增加各级财政投入,吸引社会资本入局,成立农业数智化专职管理机构,引培一批专业技术人才,以数智化改革撬动农村电商各领域变革,率先抓实新技术带来的新一波电商数字红利。二要发力新赛道打造农业数智电商先行区。2023年中央一号文件要求"深入实施'数商兴农'、推动数字化应用场景研发推广、加快农业农村大数据应用,推进智慧农业发展",《宁夏2023年乡村振兴实施意见》也提出"大力发展智慧农业,实施一批数字农业推广项目,建设国家数字农业创新应用基地,建设一批数字农业园区"。电商数字化环境好,潜力大,具备数智先行的强大优势,数字技术助力农村电商从交易环节向产业全链路延展,有利于整合打造数智电商园区。要以市场需求为导向,组织力量紧密同头部数智电商应用企业合作,同浙江等数智化已起步省市学习合作,聚集要素资源打造农业数智电商先行区,推动数智电商试点,构造数智电商样本,达成全链条产销数字化、应用场景化、供应链智能化,实现农村电商与其他产业深度融合、数字技术带动产业发展的新局面。

发展路上,惟改革者进,惟创新者强,惟改革创新者胜。农村电商经营主体、交易内容、业态形式、应用技术的不断进化,要求我们变思路、变方向、变打法,在坚持市场主导、政府引导的不变基础上,践行新理念、抢抓新机遇、探索新模式、培育新业态,对内出政策、搭平台、育人才、造环境,对外架桥梁、重合作、广参与、多输出,抓住核心问题和关键环节,在政策取向上协同配合、实施过程中相互促进、工作成效上同向叠加,推动电商物流融合、线上线下融合、数字产业融合、城市乡村融合,穿针引线带动创新创业、赋能实体企业、助力乡村振兴。

(撰稿:宁涛、孙云霞、李莉)

石嘴山市农业特色产业发展调研报告

全面推进乡村振兴,产业兴旺是基础,是解决农村一切问题的前提。为全面摸清我市乡村产业发展情况,切实找准工作中的难点、痛点和堵点,有的放矢抓好乡村特色产业,有力助推乡村全面振兴,近期,按照市委统一安排部署,围绕"实施特色农业提质计划"进行了专题调研,形成调研报告如下。

一、全市农业特色产业发展现状

近年来,全市深入贯彻党的二十大精神,认真落实中央、自治区和市决策部署,根据自治区重点特色产业布局,已基本形成了以优质粮食、牛奶、肉牛肉羊、瓜菜及制种、绿色食品、生态渔业、枸杞、葡萄酒、菌草为主导的现代农业体系。

高标准农田建设

(一)优质粮食产业。我市把确保粮食安全作为"三农"工作的首要任务,深入实施藏粮于地、藏粮于技战略,加强耕地保护提升和高标准农田建设,推广抗旱节水技术和耐盐碱作物,充分利用土壤富硒优势,不断优化种植结构,发展富硒优质粮食。全市耕地面积167.19万亩,划定永久基本农田100.79万亩,粮食生产功能区76.91万亩。2023年,全市粮食播种面积达113万亩,完成自治区下达任务的106%,实施高标准农田建设(高效节水)项目12个,面积10.51万亩;实施种业振兴行动,建设泰金种业部省共建实验室1个、制种科研创新平台3个,培育的58个农作物品种通过国家审定或登记,荣获国家发明专利7项;加强农业科技支撑,强化农机装备保障,落实农机补贴资金3522万元,全市农机总动力达到101万千瓦,农作物耕种收综合机械化水平达到86%,成功创建全国主要农作物生产全程机械化示范市、全国"平安农机"示范市。

(二)牛奶产业。我市紧紧围绕自治区打造千亿级奶产业和高端奶之乡的目标定位,依托自治区建设国家农业绿色发展先行区的政策机遇,坚持高效养殖、优质安全、绿色发展理念,发挥平罗县河东地区地势高寒,气候干爽,疫情发生率低,以及生产的牛奶品质优的特点,着力在推进规模化养殖、标准化生产和产业化经营上持续用力。加快推进河东

利恩牧业现代挤奶台

现代奶业示范区建设,不断完善基础设施配套,增强示范区聚集能力,宁夏农垦贺兰山牧业红崖子三期、朔亚、正元等6个奶牛养殖项目全部开工建设,年度计划投资4.9亿元,已完成投资4.5亿元。截至目前,全市已建成存栏500头以上规模养殖场32个,奶牛存栏12.56万头,生鲜乳日产量达1290吨。生鲜乳干物质含量12.5%~13%,平均乳脂率3.8%,乳蛋白率3.2%,主要质量卫生指标优于国内平均水平。

标准化肉羊养殖

(三)肉牛肉羊产业。以提升养殖基地规模化、标准化、组织化发展水平为目标,加快推进肉牛肉羊产业转型升级,近三年累计建成肉羊"出户入园"养殖园区22个,带动498户养殖户入园养殖。坚持小群多户、专业大户、规模养殖场同步发展,推广"50·300"模式和自繁自育、周转育肥相结合发展,打造具有影响力的特色肉牛肉羊改良繁育基地。加快推进灵沙村肉牛养殖园区项目、庙庙湖村肉牛养殖园区(二期)等5个肉牛产业重点项目,计划投资1亿元,目前已完成投资8387万元。以实施肉羊"出户入园"项目为重点,落实肉羊重点建设项目6个,计划总投资3045万元,已完成投资2658万元。加大良种繁育力度,实施国家肉牛良种补贴项目,引进肉牛冻精3.5万枚,肉牛人工授精杂交改良技术推广应用率90%以上。不断加大良种繁育力度,建设乐牧高仁、天源覆藏等肉牛良种繁育基地5个,建立丰草田园、宁羊农牧等湖羊良种繁育基地12个,湖羊基础母羊存栏4万只。目前,全市肉牛、肉羊饲养量分别达15.61万头、124.96万只。

(四)瓜菜和制种产业。我市属于典型的温带大陆性气候,具有日照充足、昼夜温差大、无霜期短、沙质土地疏松、透气性好等特征,非常适合高品质瓜菜

种植。生产的瓜果、蔬菜具有品质优、口感佳的特点。坚持"龙头+基地+品牌"的一体化发展之路，形成了以外销瓜菜、沙漠瓜菜、设施蔬菜、脱水菜、制种多元发展的产业格局。全市瓜菜种植面积14.14万亩，其中制种面积8万亩，年产优质瓜菜70余万吨，建设永久性蔬菜基地35个。

华泰农露地辣椒

（五）绿色食品产业。坚持把绿色食品产业发展作为推动经济转型升级、高质量发展的有力举措，聚力打造绿色食品加工优势区，大力发展农产品精深加工，加快推动产业"高端化、绿色化、融合化"发展。截至2023年上半年，全市绿色食品加工转化率达73%，总产值达到33亿元。打造绿色食品标准化原料生产基地32万亩、全产业链标准化示范基地5个、农产品出口标准化基地2个，培育市级以上农业产业化龙头企业96家、三星级以上绿色食品加工企业20家。建成农产品加工园区4个，48家企业入园发展，园区年产值接近绿色食品加工业总产值的70%。创建"珍硒石嘴山"区域公用品牌，培育全国优质富硒农产品品牌5个，"两品一标"农产品37个，建设绿色食品外销窗口51个。

（六）生态渔业。坚持渔业转型发展高质量发展目标，加快推进生态渔业绿色发展。大力推广净水渔业、保水渔业、大水面增养殖，积极打造生态、绿色渔业品牌，初步形成养殖主产区、稻渔生态综合种养区、生态建设区。推广渔业物联网智能化生产、"鱼菜共生"新技术、新模式，建成全区规模最大的"鱼菜共生"养殖基地。截至2023年8月底，全市渔业养殖面积14.5万亩，水产品产量达到2.9万吨，渔业产值3.2亿元，增幅6.6%。

（七）葡萄酒产业。石嘴山市位于贺兰山东麓葡萄酒主产区的北翼，处于种

贺东庄园

植酿酒葡萄的"黄金地带——北纬38°"，该区域干旱少雨，光热充足，昼夜温差大，砂石土壤透气性好，加之我市土壤硒元素含量居全区之首，生产的酿酒葡萄全部达到富硒标准。目前，全市酿酒葡萄种植面积5500亩，现有葡萄酒庄3家，年产优质葡萄酒近400吨，实现产

值7200万元。以"珍硒石嘴山"区域公用品牌为引领,培育"贺东""西御王泉""遇悦""耘梦"等知名葡萄酒品牌8个,先后在布鲁塞尔、德国柏林、品醇客葡萄酒大赛中获得多个顶级大奖。贺东庄园先后获得中国红酒十大品牌、宁夏名牌产品、自治区第十届著名商标等荣誉。

(八)枸杞产业。我市充分发挥自身产业特点和地理优势,大力实施"基地稳杞、龙头强杞、科技兴杞、质量保杞、品牌立杞和文化活杞"六大工程,截至目前,全市现有枸杞种植面积8 952亩,鲜果产量2420.5吨,产值8000万元。主要种植品种为宁杞1号,现有枸杞企业、合作社17家,商标13个。产品主要以干果为主,还有枸杞原浆、果汁、冻干枸杞、枸杞粉、枸杞籽油、植物提取物等产品。

(九)菌菇产业。菌菇产业是我市最新引进的产业,是由国家菌草工程技术研究中心首席科学家林占熺教授带领相关企业在我市投资建设的产业。2021年,由林占熺教授牵头,以国家菌草工程技术研究中心为技术支持,以企业为投资主体,建立了石嘴山市菌科技创新产业园。石嘴山市菌草产业起步较晚,但具有菌草种植、菌棒生产、菌菇种植及深加工、菌糟回收利用、草菌畜循环全产业链融合发展优势。近两年先后引进福建盛草、安徽百蘷等重点企业2家,形成了平罗县宝丰镇,惠农区庙台乡、燕子墩乡,大武口区星海镇等菌菇种植基地8个,菌菇种植面积1300亩,产值7500万元。

(十)休闲农业。围绕"一山两湖一河"的自然地貌,我市积极拓展农业多种功能,推动乡村旅游与农业、文化、教育、康养等产业深度融合,全市休闲农业和乡村旅游呈现出"产业规模扩大、供给结构优化,发展质量提升、领域功能拓展"的良好态势。全市现有休闲农业企业67家,其中五星级休闲农业企业4家、四星级休闲农业企业10家,龙泉村、东永固村、马家湾村被评定为中国美丽休闲乡村,银河村、黄渠桥村、马家湾村等5个乡村被评定为全国乡村旅游重点村,六顷地村、常青村、西永惠村等6个乡村被评定为宁夏特色旅游村镇。产业规模不断扩大,全市休闲农业和乡村旅游已从零星分布向集群分布转变,空间布局从城市郊区和景区周边向更多适宜发展的区域拓展。休闲农业从业人员达1400余人,年人均纯收入3万元以上。2022年全市休闲农业及乡村旅游经营主体接待游客174.25万人次、实现

惠农区庙台乡东永固村

收入2.53亿元，乡村旅游已成为带动农村经济发展的新引擎。精品线路亮点纷呈，成功打造沿山（贺兰山）、沿路（109国道）、沿河（黄河）三条风光迥异、各具特色的乡村旅游精品景点线路并在全区宣传推广。2021年代表宁夏在中国美丽乡村休闲旅游行（春季）推介活动中向全国发布推介了"山水相依·乡美村韵"精品景点线路，为全市休闲农业和乡村旅游高质量发展增添了动力。

二、当前我市农业特色产业发展面临的困难和问题

虽然我市一批有特色的优势产业加快崛起并稳步发展，牛奶等重点产业规模效益逐步扩大，产业链条正在补齐延长，市场占有率也在持续扩大，农业产业呈现出稳中向好的发展势头。但总体来说，还存在结构不优、规模不大、质量不高、竞争力不强等突出性问题，一些影响和制约农业高质高效发展的深层次问题不容忽视。

（一）影响特色产业发展壮大的制约因素较多。一是要素供给紧缺。土地集约利用水平不高，全市耕地面积167.19万亩，其中80%都要用来保障粮食安全，用于产业发展的土地资源非常有限，特别是枸杞、葡萄酒、设施农业、休闲农业和乡村文化旅游等产业受耕地保护和建设用地限制，发展壮大困难重重。水资源节约利用率低，按照"四水四定"的要求，对于高耗水农作物来说，用水问题日趋突出，特别是渔业发展受限，养殖面积不断萎缩。二是发展规模受限。瓜菜种植品种多，规模小，难以做大做强。乐海山沙漠西瓜、简泉甜瓜、李岗西甜瓜等有一定知名度的瓜果，种植面积大部分在几十亩至几百亩之间，难以形成规模效应。受畜牧业快速发展影响，青贮玉米、苜蓿等优质饲草价格不断上涨，农民自发进行种植业结构调整，玉米、苜蓿等饲草种植面积不断扩大，压缩了瓜菜和制种面积。据统计，2022年全市蔬菜种植面积比2021年下降9000亩。三是产业人才短缺。懂管理、会营销、有技术的复合型专业人才比较短缺，农民文化素质和技能水平不高，乡村干部和专技人才队伍建设也较为薄弱。

（二）农业特色产业核心竞争不强。一是产业层次较低，产业链条短，处于价值链低端，多数仍以供应原料为主，比如乳制品加工尚处于空白状态，精深加工企业少，农产品加工转化率仅为72%。二是企业带动能力不足。农业产业化龙头企业规模小、实力弱，自治区级以上龙头企业仅占全区的12.5%，无国家级农业产业化龙头企业，大部分企业缺乏现代经营管理理念和自主知识产权。新型农业经营主体结构单一、管理粗放、经营能力不强，家庭农场和专业大户规模小，缺乏竞争优势。三是产品品牌不强。虽然打造了"珍硒石嘴山"区域公用品牌,培育了一批农产品品牌,但是各品牌小而散,知名度不高。例如"黄渠桥羊羔肉""惠农脱水菜""乐海山沙漠西瓜""惠农枸杞"等,仍以个体生产经营为主,产品质量标准不统一、规模小、效益差,难以形成在全区领先、在全国有影响力的主导产品。四是创新能力较弱。农业企业整体创新能力较弱,传统产业多、新兴产业少,农产品初加工特点突出,附加值不高,精深加工形成商品的少。企业科技成果承接和转化能力还不强,对接渠道还不够畅通。高层次科技创新人才短缺,农业科技创新人才引进困难。

（三）农业特色产业支撑保障不足。一是财政投入不足。在推动乡村产业化发展方面政策落实不到位,2019年制定的《石嘴山市扶持农业优势特色产业加快发展的意见》至今未兑现,一些特色产业持续萎缩。比如平罗县制种产业,2020年制种面积16万亩,近两年逐步萎缩,目前制种面积仅有8万亩,仅为高峰期制种面积的50%。二是金融支持不足。农村各类产权及抵押物处置方式过于单一,企业经营融资难的问题尚未得到有效解决,农业主体融资渠道窄、融资难、融资贵问题依然突出。三是在土地政策支持方面,虽然通过农村集体经营性建设用地入市、建设用地指标调整等方式逐步解决了一些乡村产业方面的用地需求,但还存在建设用地存量不足、增量受限的问题。

三、推进乡村特色产业发展的意见建议

（一）找准特色优势,推动特色产业发展壮大。立足乡村特色资源,面向市场需求,挖掘特色产品,以特色产业培育优质企业,以优质企业带动产业提升。

1.优化产业布局。按照石嘴山市乡村振兴"十四五"规划中关于乡村产业发展布局安排,结合我市"一村一品""一乡一业"等优势和特色农产品区域分布,对乡村产业整体以及各县区主导乡村产业进行科学合理的布局和安排,建立"优质粮食产业带、优质草畜产业带、优质瓜菜及制种产业带、富硒枸杞葡萄产业带",打造"三产融合、农牧一体循环农业、沙漠瓜菜产业、富硒有机稻高质量发展、肉羊生产示范园、脱水蔬菜产业融合示范园"等区块,充分挖掘自身优势,推动石嘴山市乡村产业协同发展。同时,积极引导产业向产业带集聚,加强产业带交通、物流、冷藏保鲜等设施建设,实现集群发展。

2.持续做强牛奶产业。以提升牛奶产业全产业链竞争力为核心,全力推进奶产业提质升级,打造"高端奶之乡"。发展壮大河东现代奶业示范区,巩固发展河西奶牛养殖提升区,推广良种选育、DHI测定、TMR饲喂等先进适用技术,推广信息化、智能化、数字化应用技术。加快引进优质乳制品加工企业,建设高端乳制品加工基地。发挥"粮改饲"项目支撑作用，因地制宜推广苜蓿等优质饲草，打造优质饲草基地。充分利用菌草抗旱耐盐碱、产量和蛋白质营养成分高等优势，开展菌草替代青贮玉米、苜蓿等饲草试验示范，引进更多高产优质饲草，减轻人畜争地紧张局面。

3.提质发展肉牛肉羊产业。以高质量发展为目标，以促进农民持续增收为核心，坚持"优质+高端"双轮驱动，推进布局区域化、生产标准化、经营规模化、发展产业化，推广"100·500"经营模式，持续推动产业扩群增量、精深加工和品牌营销，实现产业高端化、绿色化、智能化、融合化发展。发展壮大"自繁自育+外购育肥""养殖园区+家庭牧场"相结合的肉牛肉羊生产体系，"屠宰加工+品牌营销"的肉牛肉羊经营体系。

4.振兴瓜菜和制种产业。加大新品种、新技术引进、示范、推广、研发力度，大力发展设施瓜菜、脱水蔬菜、越夏蔬菜和瓜菜制种等产业形态。加快推进瓜菜产业科技化、专业化、规模化、规范化、集约化、标准化、绿色化、融合化、品牌化、外向化发展。大力培育壮大瓜菜合作社、家庭农场等经营主体，加强瓜菜田间市场、分拣包装车间和产地冷藏保鲜库建设，补齐瓜菜产业链短板，确保蔬菜产得下、卖得出、有好价。

5.融合发展枸杞、葡萄酒产业。要充分发挥枸杞、葡萄酒产业发展优势，弥补种植基地不足、产业规模小等问题，贯通产加销、融合农文旅，为产业发展注入新动能，实现小产业大产出目标。要进一步挖掘土地资源，加大砂砾、盐碱地、农村闲置荒地开发利用力度，加大水源工程和基础设施配套建设，尽最大努力开辟新的枸杞、葡萄种植园。支持枸杞、葡萄酒企业加大技术创新，开展低质低效枸杞园、葡萄园改造，引进、推广生产性好的新品种，加强枸杞新装备、酿酒新设备新工艺研发。引进和发展一批高质量枸杞精深加工企业、酒庄酒企，构筑现代化生产体系、加工体系、经营体系，培育壮大龙头企业，打造全产业链标准化生产基地。推进枸杞、葡萄产业与文化、养生、旅游等融合发展，开展捆绑式开发，培育乡村旅游新动能，实现枸杞、葡萄产业新突破。

（二）提升竞争能力，促进一二三产深度融合。紧扣"粮头食尾""农头工尾"，以农产品加工业为重点打造农业全产业链，推动种养业前后端延伸、上下游拓展，由卖原料更多向卖产品转变，推动产品增值、产业增效，促进联农带农和共同富裕。

1.做大做强农产品加工业。发挥农产品加工业在贯通产加销的中心点作用,打造创新能力强、产业链条全、绿色底色足、安全可控制、联农带农紧的农业全产业链,促进一产往后延、二产两头连、三产走高端,推动生产与加工、产品与市场、企业与农户协同发展。鼓励农产品加工企业与种植企业、合作社、家庭农场、种养大户合作,共同打造优质绿色安全农产品生产基地。扶持农民合作社和家庭农场发展冷藏保鲜、原料处理、储藏、分级、包装等初加工,以及干制、腌制、熟制、分级分割、速冻等食品类初加工。引导大型农业加工企业开发类别多样、营养均衡、方便快捷的系列化产品。引导农业产业化龙头企业牵头组建农业产业化联合体,前端联结农业研发、育种、生产等环节,后端延展加工、储运、销售、品牌、消费、服务等环节,优化提升产业链供应链水平,实现全环节提升、全链条增值、全产业融合。

2.创响知名农业品牌。加强农业投入品管控和畜禽屠宰场专项整治,建立健全农业投入品经营台账制度和农产品质量可追溯体系,引导各类农业经营主体大力推广标准化、规范化种养技术,积极开展农产品质量认证,塑强区域公用品牌,培育单品品牌,鼓励申报地理标志商标,加强"黄渠桥羊羔肉"等农产品地理标志管理和品牌保护,实施地理标志农产品保护。引导农业龙头企业、合作社、协会共创企业品牌,培育一批"土字号""乡字号"产品品牌。

3.加强新型经营主体培育。加快培育农业社会化服务组织,鼓励农业生产服务组织和乡镇综合服务站围绕农业产前、产中、产后服务需求参与农业生产经营活动,积极发展代耕代种代收、良种供应、农机作业、统防统治、质量监测、烘干储藏等市场化和专业化服务,促进生产、加工、销售环节有机融合。大力发展订单农业,引导龙头企业与农户、家庭农场、农民专业合作社签订农产品购销合同,支持龙头企业通过承贷承还、信贷担保等方式,帮助订单农户建设标准化种养基地,支持龙头企业通过"公司+合作社+农户""和"公司+基地+农户"的方式,建立农民参与产业化经营、分享产业链增值收益的互利共赢模式。

4.着力打造产业园区。按照政策集成、要素集聚、功能集合和企业集中的要求,加强惠农区绿色食品加工产业园、平罗县轻工园区、通伏大米加工园区、平罗县高庄乡绿色农产品加工流通产业园区基础设施建设,配套完善水、电、路等基础设施,引导企业向园区聚集,争创国家级、自治区级现代农业产业园。加快建设一批特色农产品基地,培育一批"一村一品""一乡一业"示范村、示范乡镇。

5.大力推进农村创新创业。壮大创新创业群体。落实创新创业扶持政策,支持返乡下乡人员创新创业，引导返乡农民工到县区、重点小城镇就业创业。培养一批农村创新创业导师和领军人物。搭建创新创业平台，宣传创新创业带头人、优秀乡村企业家和典型村镇，创建一批具有县区特色的农村创新创业示范园区和实训孵化基地。鼓励发展农村电商、深入推进"互联网+"现代农业，加快实现乡村数字化、网格化、智能化。加强乡村工匠、文化能人、手工艺人和经营管理型人才培训，提高创业技能。

（三）完善保障体制，形成乡村产业发展的强大合力。

1.强化投入保障。优化财政投入结构，加大资金投入保障，提高土地出让收入用于农业农村的比例。健全乡村金融服务体系，推动农村商业银行、农村合作银行、农村信用社逐步回归本源，为本地"三农"服务。支持发展产业供应链金融，发挥农业信贷担保体系作用，支持产品有市场、项目有前景、技术有竞争力的乡村企业发展。鼓励社会资本到乡村投资兴业。

2.强化人才支撑。持续实施高素质农民培育计划、农业专业技术人才知识更新工程、农民工返乡创业行动、农业农村新业态产业引智与人才培育等项目，着力培养使用本土人才，积极引进产业急需紧缺高层次人才，建设一支数量充足、结构合理、分布适宜的乡村人才队伍。全力实施创新驱动发展战略，通过实施一批科技项目，建设一批科技创新平台，搭建一批产学研科基地，创建一批科技型企业，培育一批创业创新人才，汇聚创新发展力量，加快产业转型升级，提升科技创新能力，支撑农业农村创新发展，助推乡村振兴和农业现代化建设。

3.强化农村改革。围绕农村宅基地"三权"分置，加快出台适合我市宅基地分配、流转、抵押、退出、使用、收益、审批、监管等管理办法，建立依法取得、节约利用、权属清晰、权能完整、流转有序、管理规范的农村宅基地管理机制，为推进农村宅基地制度改革奠定坚实的基础。加大农村闲置宅基地和闲置住宅盘活利用专项基金支持力度，推进农村闲置房地收储整治，有序引导社会资本发展乡村产业，助力村集体经济不断壮大。落实农村一二三产业融合发展用地政策，制定乡村产业发展用地实施细则，保障农村一二三产业融合发展合理用地需求。

（撰稿：雍文龙）

石嘴山市加工番茄新品种引进试验初报

　　加工番茄是脱水蔬菜的重要加工品种,在石嘴山市占脱水蔬菜种植面积的40%。近20多年的栽培历史中,其主栽品种一直以里格尔87-5为主栽品种,由于长期的连年种植,种性表现出了明显退化。产量较低,抗逆性下降,效益维持在较低水平。石嘴山市农业技术推广服务中心实施国家农业部公益性行业科研专项《加工用番茄产业技术研究与示范》项目的实施,引进加工番茄新品种6个,开展品种比较试验,通过与当地主栽品种对比筛选出适宜于我市气候、土壤和生态环境条件下种植的高产、优质、高抗新品种,供生产上大面积推广种植,以推动我市脱水蔬菜产品的进一步发展。

一、材料与方法

(一)供试品种

　　本试验供试品种由中国农科院蔬菜花卉研究所番茄组提供的ⅣF-16、IVF-18、ⅣF-1100、ⅣF-6172、ⅣF-3315、ⅣF-10共6个。以我市目前生产上主栽品种87-5作对照(新疆石河子蔬菜所提供)。

(二)试验设计

　　试验采用随机区组排列,三次重复,三垄六行区种植。小区面积67.5m²,中心距150cm,垄面行距40cm,株距33cm,密度为2693株/666.7m²,红熟收获时从中间一垄三点取样,每点20株计产。折算平均单株结果数、平均单株产量和平均单果重。产量结果进行分析。

(三)试点条件

　　试验场地设在惠农区燕子墩乡蛟龙口村禾旺农业合作社加工番茄示范区。试验地土质为轻壤,肥力中上等,土层深厚,道路畅通,规划整齐,排灌方便,便于管理,前期种植玉米。

(四)栽培管理

　　试验地起垄前用旋料机旋地后,于5月5日用机械喷雾器每亩喷施48%仲丁灵（地乐胺）乳油 200ml 兑水 30kg 喷洒地表层，结合播种机播种施底肥复合肥 32.5kg/666.7m²。成品有机肥 50kg/666.7m²。并将农药混入 1~5cm 土埌中；5 月 6 日用机械起垄覆膜；5 月 7 日定植，定植后随即灌水；蹲苗 50 天；5 月 21 日用机械深松垄沟带追施化肥磷酸二铵 15kg/666.7m²，尿素 35kg/666.7m²；6 月 8 日用百杀得药剂预防番茄病毒病；6 月 14 日用机械开沟往垄上培土。使番茄垄高达到 25cm；6 月 27 日灌第二次水；全生育期共灌水三次；6 月 18 日和 7 月 16 日分别用人工拔除田间杂草，7 月 12 日用机动喷雾器每亩喷施 52.5% 疫快净药剂 2000 倍液防治番茄早晚疫病。8 月 10 日和 8 月 26 日分两次收获。

二、试验结果与分析

（一）各参试品种综合性状

1. 生育期：各参试品种生育期在 127~135 天之间，适合于在谈生态区域种植。在参试的品种中生育期最长的是 ⅣF-16、ⅣF-6172、ⅣF-10 为 135 天，比对照 87-5 晚 2 天；最短的是 ⅣF-18、ⅣF-1100 为 127 和 128 天，比对照 87-5 分别早 5~6 天（详见表 1）。

表 1　加工番茄不同品种生育进程与生育期

品种名称	播种期（月-日）	基质上水期（月-日）	出苗期（月-日）	定植期（月-日）	开花期（月-日）	红熟期（月-日）	始收期（月-日）	终收期（月-日）	出苗至红熟期（α）
IVF-16	3-18	3-23	3-29	5-7	6-2	8-10	8-10	8-26	135
IVF-1100	3-18	3-23	3-29	5-7	5-25	8-3	8-10	8-26	128
IVF-6172	3-18	3-23	3-29	5-7	6-1	8-10	8-10	8-26	135
IVF-18	3-18	3-23	3-29	5-7	5-25	8-2	8-10	8-26	127
IVF-3315	3-18	3-23	3-29	5-7	5-29	8-9	8-10	8-26	134
IVF-10	3-18	3-23	3-29	5-7	6-1	8-10	8-10	8-26	135
87-5（CK）	3-18	3-23	3-29	5-7	5-26	8-8	8-10	8-26	133

注：基质上水期为种子播后穴盘基质第一次浇透水的时间。红熟期为 50% 果实达到采摘标准的时间。

2. 单株性状

从表 2 看出，各参试品种植株高度在 61.8~82.8 之间。其中最高的是 IVF-18、IVF-6172、IVF-16 三个品种，高度分别是 82.8cm、81.4cm 和 80.8cm。比对照 87-5 分别高 21.0cm、19.6cm、19.0cm，分枝数平均在 4.67-5.83 个之间，最多的为 IVF-6172、IVF-1100 两个品种，比对照 87-5 分别多 0.5 个和 0.17 个。

从单株结果数来看，平均结果数在24.83~59.67个之间，最多的为IVF-16，为59.67个，比对照87-5多28个；最少的为IVF-10，为24.83个，比对照87-5少6.84。平均单株产量最高的为IVF-16，是为3698.81g；其次是IVF-6172为3154.66g。比对照87-5的1922.83g分别高1775.98g和1231.83g。最低的为IVF-10期1098.15g，比对照87-5品种少824.68g。平均单果重最高的为IVF-6172、IVF-3315和IVF-16，分别是73.64g/71.30g和63.96g，比对照87-5高10.6g、8.26g和0.92g。其他品种均低于对照（详见表2）。

表2　加工番茄不同品种试验单株性状调查表

品种名称	小垄面积(m²)	小区株数(株)	株高(cm)	平均分枝数(个)	平均单株结果数(个)	8月6日第一次采收		第二次采收		采收果树合计(个)	单株产量合计(g)	平均单果重(g)
						单株红果数(个)	单株产量(g)	单株红果数(个)	单株产量(g)			
IVF-16	67.5	272	80.8	5.17	59.67	23.83	1524.17	34.0	2174.64	57.83	3698.81	63.96
IVF-1100	67.5	272	70.0	5.5	44.5	27.17	1480.0	16.33	889.50	43.50	2369.5	54.47
IVF-6172	67.5	272	81.4	5.83	44.33	16.67	1227.5	26.17	1927.16	42.84	3154.66	73.64
IVF-18	67.5	272	82.8	5.0	36.0	23.17	1310.83	12.50	707.13	35.67	2017.96	56.57
IVF-3315	67.5	272	68.2	4.67	36.83	15.17	1081.67	19.50	1390.35	34.67	2472.02	71.30
IVF-10	67.5	272	76.4	4.83	24.83	9.33	439.17	14.0	658.98	23.33	1098.15	47.07
87-5(CK)	67.5	272	61.8	5.33	31.67	14	883.33	16.50	1 039 5	30.5	1922.83	63.04

（二）产量结果

表3　加工番茄不同品种产量结果

品种名称	小区产量(kg)				折666.7m²产量(kg)	位次	增产率(%)
	I	II	III	平均			
IVF-16	974.3	1023.4	1020.54	1006.08	9960.9	1	48.0
IVF-1100	652.12	629.83	651.55	644.50	6381.1	4	18.85
IVF-6172	831.5	877.4	865.31	858.07	8495.5	2	39.05
IVF-18	557.46	527.9	561.31	548.89	5434.4	5	4.17
IVF-3315	655.5	669.48	692.19	672.39	6657.2	3	22.22
IVF-10	312.36	305.1	278.64	298.70	2957.3	7	-42.89
87-5(CK)	499.0	528.85	541.18	523.01	5178.2	6	—

注：小区面积67.5m²。

从表3可看出,IVF-16平均产量9960.9kg/666.7m²位居本试验的第一位,比对照87-5增产4782.7kg,增幅为48.0%;IVF-16单产平均为9960.9kg/666.7m²位居本试验的第二位,比对照87-5增产3317.3kg,增幅为39.05%;IVF-3315单产平均为6657.3kg/667m²位居本试验的第三位,比对照87-5增产1479.0kg,增幅为22.22%;IVF-1100单产平均6381.1kg/667m²,位居本试验的第四位,比对照87-5增产1202.9kg,增幅为18.85%;IVF-18单产平均为5434.4kg/667m²位居本试验的第五位,比对照87-5增产256.2kg,增幅为4.71%;另一个品种较对照减产42.89%。

(三)产量结果分析

从平均产量结果来看,6个参试品种有5个较对照表现增产,增产幅度在4.71%~48%。其中:IVF-16平均产量9960.9kg/666.7m²,产量最高,比对照增48%;IVF-16平均产量9960.9kg/666.7m²,比对照增39.05%;VF-3315平均产量6657.3kg/667m²,比对照增,22.22%;IIVF-1100平均产量6381.1kg/667m²,比对照增18.85%;IVF-18平均产量5434.4kg/667m²,比对照增4.71%;IVF-10平均产量2957.3/667m²,较对照减产42.89%。

三、主要病害调查

据田间调查,除IVF-18品种无任何病害发生外,其他品种均有不同程度的发生,尤其是IVF-6172和对照87-5脐腐病病株率较亩高。其他品种均有轻度发生。而IVF-3315、IVF-10、IVF-1100与对照绵疫病病株率达30%~50%,其他品种均无发生(详见表4)。

表4　不同品种主要病害调查

品种名称	调查日期(月-日)	调查株数(株)	调查果数(个)	脐腐病				棉疫病			
				生病株(数)	病株率(%)	病果数(%)	病果率(%)	发病株(数)	病株率(%)	病果数(个)	病果率(%)
IVF-16	8-6	20	1 193	3.0	15	3.0	0.25	无0	无0	无0	无0
IVF-1100	8-6	20	890	3.0	15	3.0	0.34	6.0	30.0	13	1.46
IVF-6172	8-6	20	887	6.0	30	6.0	0.68	无0	无0	无0	无0
IVF-18	8-6	20	720	无0	无0	无0	无0	无0	无0	无0	无0
IVF-3315	8-6	20	737	0	0	0	0	10	50	40	5.4
IVF-10	8-6	20	497	3.0	15	10	2.0	7.0	35	20	4.0
87-5(CK)	8-6	20	633	6.0	30	6.0	0.95	7.0	35	7.0	1.1

四、结论

从试验产量结果,综合农艺性状以及试验期间总体情况观察,IVF-16、IVF-6172生育期比对照晚2天,在当地气候条件下种植,丰产性好,脐腐病发病较轻,无绵疫病发生,综合农艺性状突出,可在当地扩大面积示范种植。IVF-3315、IVF-1100丰产性较好,尤其是IVF-3315果形大,平均单果重达71.3g,但不抗绵疫病;IVF-18在所有参试品种中,虽然产量较低,但具有生育期短,抗番茄脐腐病和绵疫病的优点。

(撰稿:王惠军、陈淑娟)

加强黄河禁渔期执法监管
推动黄河流域生态保护和高质量发展

实施黄河禁渔执法监管,维护禁渔期秩序,推动黄河流域生态保护和高质量发展,是养护黄河水生生物资源、保护黄河水域环境的重要抓手,也是以实际行动落实习近平总书记关于宁夏建设黄河流域生态保护和高质量发展先行区重要指示精神的具体举措。根据《"中国渔政亮剑"系列专项执法行动方案》和自治区党委、政府决策部署,石嘴山市主动担当、积极作为,扎实推进黄河禁渔工作落细落实。

一、工作总体情况

石嘴山市禁渔区域为黄河平罗段和惠农区段108公里河段及境内典农河、第四、五排水沟三条入河沟(典农河、五排从惠农区入河,四排从平罗县入河),以及滨河大道两侧附属水域、沙湖自然保护区和黄河支流都思兔河(苦水河)。自2021年以来,市农业农村局组织开展了"电毒炸鱼""绝户网""三无船只""非法垂钓"等违法行为专项执法行动,共出动执法人员1200多人次、出动车辆380台次,陆上巡查5680公里,没收违规网具87张,清理三无船只12条,累计查处禁渔期内非法捕捞案29件。通过加大执法力度,营造了黄河禁渔的强大声势,有效保护了黄河野生动物生态资源。

二、主要做法及成效

(一)强化宣传引导,营造黄河禁渔的社会氛围。树立宣传也是执法的理念,大力宣传黄河禁渔的重大意义,营造人人关注黄河生态安全的社会氛围。一是周密安排部署。根据《"中国渔政亮剑"专项执法行动方案》,召开专题会议对禁渔期工作进行部署,将禁渔执法工作明确到重要时间节点,措施落实到科到人。二是加大宣传强度。根据黄河宁夏段禁渔期通告要求,充分利用微信、网络、电视、报纸等媒体平台,张贴禁渔通告、发放宣传资料、悬挂宣传标语等方式手段,进行广泛宣传。共发放材料4500余张,制作安装黄河禁渔宣传警示牌

24个,悬挂条幅28条。

(二)扎实开展排查,确保违法行为的风险可控。针对黄河河道实际状况,抽调人员对易下网和非法垂钓河段进行摸排,建立风险点和渔业从业人员台账,共排查非法捕捞风险点12处,简易船只12条。通过建立监管台账,做到了渔政执法情况清、底子明,为开展渔政精准执法打好了坚实基础。

(三)开展清网行动,狠抓非法捕捞的源头治理。通过群众举报的线索和执法区域内违法行为发生特点,执法人员在黄河两岸渠口等附属水域进行不定期、不定时、不定点巡查,开展违规渔具清理整治。累计查处25人,清理违规地笼等网具87个,放生违法捕捞渔获物173公斤。

(四)注重标本兼治,严格清理整治"三无"船舶。对现有涉案重点人和"三无"船只加强走访约谈,进行排查登记,并现场进行宣传教育,切实维护黄河禁渔秩序,强化黄河渔船安全监管,严防黄河渔船事故发生,实现了禁渔期间"水上无渔船、水下无网具"的目标。共排查渔船12条,全部上岸。

(五)坚持多措并举,全面提升禁渔期执法工作成效。自2021年4月1日黄河禁渔期以来,石嘴山市农业农村局严格落实属地管理责任,结合"清风行动""渔政亮剑"专项执法行动,以黄河主河道、入河沟、黄河两岸渠口等附属水域为重点,按照"零容忍"要求,严厉查处黄河及其附属水域进行电鱼、毒鱼、炸鱼以及利用抬网、地笼网等密眼网非法捕鱼行为。针对违法行为发生的时间和地点,采取节假日与工作日相结合,"白+黑""明察+暗访"检查相结合,通过流动巡查、蹲点守候等方式,精准发力,切实做到检查不留死角、处罚不留情面。同时,联合石嘴山市公安局食药环支队开展黄河段禁渔期执法巡查工作,合力推进黄河禁渔工作,开展联合执法检查6次,劝导违法钓鱼人员1000余人次,收缴鱼竿25把,查处违规捕鱼3起,罚款3200元。

三、存在问题

一是石嘴山段黄河岸线长且大部分地段都为湿地或农田,没有现成的道路,无法使用交通工具进行执法监督,执法人员徒步巡查,工作量较大;二是石嘴山段黄河两岸分属两个省区管辖,由于执法尺度不一,造成执法难度大。

四、下一步工作措施

(一)建立健全执法协作机制。要与公安、市场监管等相关部门加强协作,加大巡查执法检查力度,严厉查处违法违规捕鱼行为,发现一起、清理一起。同时,要把巡查执法常态化,加强日常管理,建立健全黄河禁渔期管理的长效机制,维护全市禁渔工作有序开展。

(二)开展电炸毒鱼专项执法行动。严厉打击违法制造电鱼相关器具,对使用电瓶电鱼,炸鱼和毒鱼等行为实行"零容忍",要坚决打击。同时,严格规范捕鱼器具销售行为,对密眼网、网目尺寸较小的地笼等违规渔具进行全面清理整治。

(三)建立健全整治涉渔"三无"船舶的长效机制。继续保持高压态势,结合"2022亮剑"等专项行动,实施"三无"船舶整治专项行动。

(四)加大宣传力度。通过发放宣传单、使用宣传车和村级广播等形式,向沿河村民讲解黄河禁渔期禁止捕捞的法律法规,提高村民自觉禁渔意识,确保禁渔期内不发生捕鱼行为,积极推进黄河流域生态文明建设。

（撰稿:陈志宏）

石嘴山农村经济发展调研报告（2023）

农村改革篇

积极推进农村土地流转　切实保障农民增收

　　土地是农业生产最基本的要素,积极推进土地流转、发展规模经营,是发展现代农业的必然要求,有利于释放土地活力、促进农民增收。近年来,我市全面落实党中央关于保持土地承包关系稳定并长久不变的要求,加快推进农村承包地所有权、承包权、经营权"三权"分置,制定出台《工商资本租赁土地从事农业生产经营准入监管暂行办法》,建立经营主体准入、监管、考评、扶持、退出机制,严格规范土地流转程序,积极推动土地流转,全市土地流转面积达59.4万亩,占耕地总面积43.36%,涉及农户41869户。

一、我市土地流转主要模式及带动农民增收情况

　　(一)土地托管模式。由农业社会化服务组织为农户提供从耕、种、农资供应、农产品销售等全程"保姆式"服务。通过集中采购、集成技术、标准作业、统一服务、订单收购等方式,充分发挥农业机械装备的作业能力和分工分业专业化服务效率,降低农业生产成本,使种地农户当上了"甩手掌柜"。例如平岁县维宝家庭农场,自成立以来,积极搭建"物联网+农业"平台,推广应用水稻精量穴播、高效植保、秸秆综合利用等新技术,创建了1500亩"五优"水稻种植基地,围绕水稻种植"耕、种、管、防、收"五大环节,采取农业生产托管方式,为周边农户提供统一播种、统一施肥、统一病虫害防治、统一机耕机收、统一机防的"五统一"服务,累计服务面积达到10万亩以上,为小农户节本增效193元/亩。

　　(二)大户经营模式。随着城镇化步伐的加快,许多农民离家外出打工,导致自家土地无人耕种,为了土地不荒芜便将土地租赁给亲朋好友、种植养殖能手进行耕种,既获得了外出务工收入,又增加了租赁财产性收入。例如平罗县卧龙家庭农场是以水稻、蔬菜种植,水产养

殖、休闲农业等经营项目为主的新型农业经营主体之一,通过流转姚伏镇高荣村农户1200亩二轮承包地及农村集体420亩土地,逐步发展为集种植、养殖、采摘、休闲娱乐为一体的田园综合体。该家庭农场利用农业设施使用证等权证抵押贷款180万,建设了750亩稻渔综合种养和3500平方米水产养殖大棚等,带动周边就业人数300余人,年收入超过100万元。

(三)公司运作模式。在农户自愿的基础上,经镇、村牵线搭桥,由公司与农户签订合同,农民不仅得到土地流转收益,而且还可以就近到公司打工,这种承包合作方式,使公司有了基地,让农民解放出来,实现了双赢。例如宁夏塞上春

农产品物流有限公司,通过流转红崖子乡红瑞村1500亩土地种植土豆,因土质松软、昼夜温差大,产出的土豆个头大、品质好,亩产近5吨,先后带动10余家企业流转周边土地共1.6万余亩种植土豆,不仅为企业带来了良好的经济效益,还实现季节性用工1500多人,带动当地农民增收致富。

(四)专业合作社模式。合作社集中经营农民土地,按照市场订单组织生产。例如平罗县田佳盈农业专业合作社,主要从事瓜菜特色制种产业发展,近年来,合作社流转平罗县西永惠村土地1000余亩,精心打造田佳盈合作社蔬菜制种园区,采取"村集体+企业+农户+基地"运作模式,订单带动全村发展制种面积3600亩,示范带动头闸镇种植瓜菜制种面积达到1.2万亩,吸纳外出村民返乡务工,合作社每年为务工农民支付劳务工资近100万元。

二、存在的主要问题

虽然我市在土地流转带动农户增收等方面进行了积极探索,取得了一定的成绩,但在实际工作中仍然存在一些问题。

(一)农民群众的认知程度不高。部分农民群众觉得土地是其赖以生存与发展的根本保障,其衣食住行、养育子女以及养老等各项费用莫不来自于此,以至于他们不知如果离开土地将如何生存下去,对于土地流转顾虑重重。

(二)土地流转不规范,存在民间化、口头化、短期化、随意化问题。农地流转往往是在熟人、亲戚、朋友之间进行,多数没有签署任何协议或合同,而往往是流转双方的一种口头约定,存在流转期限不明确、手续不规范、条款不完备等

问题。

（三）土地流转规模比较小，流转效益不高。主要问题在于需求的规模化与交易的零散性之间的矛盾。一些农业龙头加工企业和种植大户需要大块土地搞规模经营，而流转的农户普遍零散，没有连片，集中程度不高，耕地进行规模经营、实施机械化作业的效果难以凸显。

三、对策建议

农村土地经营权流转是一项复杂的系统工程。当前和今后一个时期，要着力抓好政策引导、培育新型经营主体和完善体制机制等几个重点问题，以此推动农村土地经营权有序流转。

（一）制定农村土地流转的政策措施。一是针对目前土地流转中市场发育不健全的实际，研究制定有关扶持政策，加快培育土地流转市场和各类社会服务组织，提高农业社会化服务水平。二是针对当前土地流转中个别出现的"非粮化""非农化"问题，研究制定支持粮食生产的政策、禁止流转土地撂荒行为的规定、鼓励扶持发展家庭农场和种粮大户的措施等，坚守粮食生产底线。三是围绕降低土地流转带来的社会风险，设立土地流转风险金、灾害风险补偿基金以及耕地保护基金，作为失地农民养老金、农业保险补贴基金和耕地流转担保金等。

（二）加快培育带动力强的新型农业经营主体。一方面，应充分发挥工商资本在资源整合、技术吸纳、市场拓展、质量控制、规范生产等方面的比较优势，支持工商资本在与之适应的农业领域适度规模发展，在此过程中应重视依据不同区域的自然经济条件、农村劳动力转移情况、农业机械化装备水平等因素，研究确定本地区土地规模经营的适宜标准，防止工商资本主导的求大求多的单一规模偏好倾向的不合理发展；另一方面，要充分发挥专业大户、家庭农场和农村经济合作社与农民利益关系更加稳定和密切的优势，给予必要的政策支持和资金扶持，提高土地流转和适度规模经营在更大范围区域农村的覆盖性。

（三）建立完善农村土地流转的体制机制。一是建立健全土地流转服务平台。要依托农村经营管理机构，建立完善县级服务中心、乡镇服务站、村级服务点三级服务网络，积极开展信息发布、政策咨询、价格评估、协办手续等服务。二是建立土地流转信息网络。要通过建立信息网络和流转交易平台，使供需双方能够及时、全面、准确地获取可靠的土地流转信息，尤其为那些自愿流转的农民提供合法的、更多更好的流转渠道，为那些耕种有困难的农民家庭能够及时找到土地流转的出路。三是积极培育具有较强专业性、独立性和权威性的中介服务组织。要按照市场发展需求,为土地流转双方提供专业咨询、土地评级评估、土地托管保险及融资等各种中介服务。四是加强对土地流转的管理和监督。要全面推广合同制度,土地流转双方必须签订规范的书面合同,村内之间进行土地流转要报村级组织备案,村外之间进行土地流转须经村级组织同意、土地流转双方应与村级组织办好手续,并报乡镇农经管理部门审查和签证,禁止乡镇和村级组织代替农户或越过农户签订合同。加强对土地流转合同的监管,提高合同履约率。

(撰稿:王晓斌、田帅)

平罗县"八个率先" 勇立农村改革潮头

党的十八大以来,平罗县深入贯彻落实中央、自治区、市关于全面深化改革的决策部署,以"八个"率先着力打造全国农村改革试验区,先后探索开展农村土地经营管理制度改革等28项国家级改革试点试验。十年来,改革试点试验成果不断加快转化、落地生根,农村产权确权登记、土地规范化流转、农村产权自愿有偿退出、产权流转交易市场建设等诸多成果被中央政策文件和法律法规吸收应用,为全面深化农村改革提供了"平罗经验",贡献了"平罗智慧"。

一、在全国率先完成各类产权确权登记颁证,加快农村改革"集成化"

在承包地确权基础上,探索开展了集体荒地承包经营权、土地流转经营权、农业设施使用权等确权登记颁证,农村产权确权登记颁证种类达13项。颁发土地承包经营权证6.55万本、农村房地一体不动产权证5.32万本、土地流转经营权证123本、连片集体荒地承包经营权证119本、农业设施用地使用证144本、集体经营性建设用地不动产权证125本。通过农村产权确权登记颁证,明晰产权归属,为集成推进各类改革奠定了坚实的基础。

二、在全国率先建立农村土地规范化流转机制,实现土地经营"规模化"

针对"谁来种地、地怎么种"的问题,出台《平罗县工商资本租赁土地从事农业生产经营准入监管暂行办法》等配套文件,建立了经营主体准入、监管、考评、扶持、退出等机制。严把土地流转关口,对工商资本租赁农户承包地收缴风险保证金,稳定了土地承包关系,有效保障了农民权益;通过"一块田"改革,将5.7万亩零散承包地块互换调整为整块条田,实现土地经营由细碎分散向规模集约转变、经营方式由传统粗放向现代高效转变,土地适度规模经营率提高到59%。

三、在全区率先建立农村宅基地管理机制，推动农村宅基地管理"规范化"

出台农村宅基地审批管理、退出转让、入市租赁、盘活利用等配套文件22个，探索建立"超占有偿使用、转让政府补贴、审批县域统筹、新增多元保障"的管理新机制，颁发宅基地资格权证188户，自愿有偿退出产权3393户，县域统筹审批宅基地136户，非集体经济组织成员租赁使用宅基地169户，探索了宅基地"三权分置"有效实现形式。启动县级农村宅基地管理信息系统，实现宅基地数据台账"一张图"、审批管理"一条链"、信息共享"一张网"，进一步提高了农村宅基地信息化、规范化管理水平。

四、在全国率先建立集体资源有偿使用机制，确保资源管理"公平化"

出台《平罗县二轮承包地以外农村集体土地管理暂行办法》《平罗县农村宅基地有偿使用管理暂行办法》，对超占、多占农村土地资源实行有偿使用，累计收缴集体荒地承包（租赁）费4820万元，收取宅基地超占有偿使用费1120万元，解决了集体资源占有不公的问题，提升了农村基层组织公信力，促进了农村土地资源集约节约化利用，出现了开荒热、种地热，十年来新增耕地面积24.5万亩。

五、在全国率先建立农村产权自愿有偿退出机制，促进产权退出"个性化"

出台《平罗县农村集体土地和房屋产权自愿永久退出收储暂行办法》，丰富农村产权退出路径及方式，允许符合条件的农民自愿有偿退出土地承包经营权、宅基地使用权、房屋所有权和集体经济组织成员身份，农民可根据实际情况自愿选择退出部分权益或全部权益。目前已有3393户农民退出产权，其中：结合易地扶贫搬迁插花安置移民1638户，结合村庄整治村集体收储规划外房地1337户、集体经济组织成员内部有偿转让418户。

六、在全国率先开展农村产权流转交易，推动产权交易"市场化"

成立全区首家农村产权流转交易中心，出台《平罗县农村产权流转交易管理暂行办法》，在乡镇设立农村产权流转交易服务站，实现农村产权流转交易额59亿元。推广"互联网+"服务模式，简化审批流程，实现手机APP申请、审批、办理一站式服务，达到"信息全覆盖，农民少跑路"。探索农村土地流转经营权、设施农业用地使用权、农民住房财产权等产权捆绑抵押贷款,与10家金融机构签订协议,办理农村产权抵押贷款2.6万笔16.3亿元,破解了农业生产融资难、融资贵的壁垒。

七、在全区率先开展农村集体产权制度改革,增强农民群众"获得感"

完成村集体资产清产核资,建立村集体"三资"信息化管理系统,确保集体资产保值增值。量化村集体资产总额5.58亿元,配置股权30.18万股,颁发集体经济组织成员证书6.29万本,赋予集体经济组织成员更加清晰而有保障的集体资产权利。发挥集体经济组织在土地流转、闲置农房收储、建设用地入市中的主体作用,因地制宜探索产业带动型、农业服务型、股份合作型等8类集体经济发展模式,拓宽新型农村集体经济发展路径,激发集体经济发展活力,全县144个村集体经济组织实现经营性收入5 510万元,向农民分红594万元,让农民充分享受到改革带来的"红利"。

八、在全国率先建立以权养老机制,提高农村老人"幸福感"

在灵沙乡胜利村、头闸镇邵家桥村开展农村"以权养老"试点,探索农村老人用土地承包经营权、宅基地使用权、集体收益分配权置换养老服务。胜利村养老院已入住老人75名,其中退出土地产权6人,流转土地承包经营权69人,参加城镇职工养老保险22人,解决了农村留守老人无力耕种土地的问题,替农村留守老人圆了"养老梦",让农村年轻人安心干事创业。

(撰稿:王晓斌、董明华)

实施政策性农业保险 为农业生产保驾护航

农业保险是分散农业生产经营风险的重要手段。近年来,我市主动适应发展新常态,以"尽可能减轻农民保费负担,尽可能减少农民因灾损失"为目标,坚持"政府引导、市场运作、自主自愿、协调推进"原则,通过扩面提质、完善机制、优化服务等多种措施,不断提升保险保障服务水平,织牢织密保险"保障网",发挥保险"稳定器""助推器"功能,乡村振兴得到坚强保障。2023年全市政策性农业保险共收缴保费10597.59万元,其中种植业承保面积达到107.87万亩,收缴保费2383.73万元;养殖业承保头数68.99万头(只),收缴保费8172.45万元;全市赔付金额7366.83万元,综合赔付率70%,有效保障了农民利益和农业再生产能力。

一、发展现状及做法

(一)完善机制运行,推动健康发展。做好政策性农业保险承保机构遴选管理工作,通过比实力、比服务,最终由人保财险、中国人寿和大地三家保险公司分别中标,明确了相应的服务项目,要求中选的承保公司将政策性农业保险与村务公开相结合,做到"三到户、五公开",即承保到户、定损到户、理赔到户;保险政策公开、参保情况公开、理赔结果公开、服务标准公开、监管要求公开,切实维护农民群众的知情权、监督权。保险机构通过认真贯彻执行农业风险大灾风险准备金制度,均制定了农业保险再保险方案,保费收入按规定标准足额计提,逐年滚存,进一步分散农业保险过程中的风险,提升大灾面前保险公司赔付能力。

(二)注重政策引导,不断强化宣传。高度重视政策性农业保险宣传工作,把宣传作为政府引导、落实政策、推动工作的重要手段,形成制度化、常态化。对宣传任务层层分解,明确市、县(区)、乡镇和村委会职责,逐级落实责任,充分利用新闻媒体宣传、动员,加深广大农民群众对政策性农业保险政策的了解,提高参保积极性。随着新保险办法的实行,农业保险保费大幅度提高,农民投保积极性下降,各级农业农村部门联合保险公司农险人员进村入户,通过发放宣传资料和农民面对面讲解的方式加强政策解读,扩大了政策性农业保险的社会影响,让广大农户真正认识到政策性农业保险的优越性、重要性,引导农民自愿参保,形成"要农民投保"到"农民自愿投保"的良好氛围。

(三)规范理赔流程,持续提质增效。进一步提升承保水平,在农户自愿投保的前提下,承保公司因地制宜确定具体投保方式,坚持尊重农户自愿与提高组织度相结合,积极发挥新型经营主体、乡镇和村民委员会等组织服务功能,组织农户做到"愿保尽保",同时采取实地验标方式对承保标的、数量和归属等信息进行审核,确保承保数据真实性。进一步提升理赔水平,保险公司会同农业农村部门密切配合,建立完善灾后理赔分级抽查制度,提高理赔的精准性、时效性、便利性。通过优化定损流程、简化索赔材料、提高审批效率等多种途径,切实缩短理赔周期,提高理赔时效,在与被保险人达成理赔协议后10个工作日内,通过一卡通账户直接将保险赔付款支付给农户。进一步提升保险覆盖率,在中央和自治区参保险种的基础上,为支持我市农业特色产业的发展,积极与市、县(区)财政部门沟通,我市目前农业保险品种达到29个,提高了政策性农业保险的覆盖率。

(四)健全基层网点,强化服务水平。积极开展"三农"基层服务体系建设工作,形成了乡镇有服务机构、村有服务站的保险机制,目前,全市已成立乡镇"三农"服务部13个,基层保险服务网点160余个。建立农业保险理赔机制,由专家库抽取的专家参与定损,种植业保险由农技中心与保险公司共同实施,畜牧业保险由疾控中心与保险公司共同实施,各乡镇农业服务中心配合实施辖区农保工作。人保财险公司通过简化办事流程,实行"区域化网点管理+线上线下+零距离靠前服务"模式,设立业务代办点,打通农民在办理投保、理赔等方面的"绿色通道"。市农业农村局和财政局定期、不定期开展联合检查,建立年度考评、工作通报和考核奖惩制度,及时掌握、全程跟踪政策执行情况,确保政策性农业保险工作落到实处。

(五)财政持续补贴,提高抗灾能力。政府通过保费补贴,有效解决了农业生产者保不起,保险公司赔不起的两难问题,起到了"四两拨千斤"的作用,以有限的财政投入调动农民、保险公司的积极性和主动性,基层政府负担降低,有效提高了农民抵御自然灾害和疫病的能力,实现了农民、政府、保险公司"三赢"局面,促进了农村社会稳定。2016年以来,市财政支出政策性农业保险补贴资金累计1100多万元,而农民获得的保险赔偿金额累计达到3.6亿元以上,累计受益农户超过11万户。

（六）创新金融方式，促进融合发展。充分发挥保险资金与担保的支农作用，为新型农业经营主体提供融资贷款支持，探索农业保险与金融行业有效衔接，农村商业银行、邮政银行、宁夏银行等多家涉农银行以参加政策性农业保险为依据，提高龙头企业、农民专业合作社、家庭农场和经营大户贷款信用等级。人保财险公司积极探索对信誉好、稳定参保农户发放小额贷款，保障农业生产稳定发展，全市每年种植业投保率达到90%以上，畜牧业基本上达到了应保尽保。有政策性农业保险做保障，农业生产损失得到及时补偿，减轻了金融机构因受灾而新增的贷款压力，同时农业生产能力恢复又增强了农业生产者的还贷能力，降低了信贷风险，促进了农村金融保险融合发展。

二、存在的问题

（一）财政负担重、保险覆盖面窄。我市三县区都是财政弱县，额外承担农业保险保费补贴十分困难，除国家明确险种外，地方特色保险品种很少，保险覆盖面窄，易受灾农产品得不到保险保障。目前，各县区财政除了担负中央补贴险种10%的农业保险配套任务外，还对自治区补贴的险种承担着30%的配套任务，地方险种又承担了40%的配套任务。每年县区农业保险财政预算只有330万，实际补贴700多万元，负担重导致县区不愿增加地方特色险种，我市水产等优势产业因县区财政资金配套不足，而无法享受国家保险政策带给的红利。

（二）理赔标准低、参保积极性低。农业保险具有"低保额、低收入、低保障和高风险、高成本"的特点。保险公司对于农业保险险种、规模控制严格，收益高的品种保，赔付高的少保，出现了一些保险霸王条款，通过近年来随机走访发现，在承保畜牧业基础母羊养保险中，为农户设置（口头）规定理赔上限，如死100只羊只能赔4~5只，超过部分不赔。部分农民对农业保险的赔偿比例、赔付的时限、确定的赔付政策不清楚，尤其是受灾后没有得到应赔偿农户，认为买了保险加重了自己的负担。也有的农民认为，参保交了钱，如果没有发生灾害，钱就白交了，增加了不必要的支出，导致农户参保积极性降低。

（三）死畜有隐患、无害化处理难。无害化处理重视不够，存在部门间沟通协调不到位问题，领导小组成员沟通协调不畅，比如，病死牲畜处置问题，无害化处理场少，尸体收集、储存、运输，没有部门牵头协调，造成"都管又都不管"情况的出现。在发生牲畜疫病死亡后，无害化处理程序复杂、协调机制不健全、补贴标准偏低、补贴手续繁杂，导致部分农户没有将病死畜禽送往无害化处理场，大多数农户采取就地掩埋处理,不利于动物疾病的预防控制,不利于食品安全,也给农村环境治理带来困难。

三、工作建议

(一)加大上级财政补贴力度。中央和自治区财政加大对农业保险补贴力度,降低地方财政保费分摊的比例从而缓解基层财政压力。据调查,平罗县财政预算保险补贴资金200万元,实际补贴423.36万元;惠农区财政预算资金100万元,实际补贴233.96万元;大武口区财政预算资金30万元,实际补贴61.15万元,均出现较大缺口。中央、自治区财政要加大对政策性农业保险支持力度,增加各级财政农险预算,中央财政补贴品种保费补贴比例应高于50%,自治区优势特色险种补贴应不低于60%,市级特色优势险种自治区财政补贴应不低于50%,市财政适当增加补贴比例,减少或取消县区财政保费补贴配套任务。

(二)增加特色产品保险品种。不断完善农业保险制度,鼓励地方开展特色农业保险业务,特别是针对老百姓的"菜篮子"产品,如蛋、肉、鱼、奶、蔬菜等。同时,积极增加特色农业保险试点区域,增加特色农业保险试点品种,扩大特色农业保险覆盖面,如应进一步增设制种瓜菜、肉牛、水产业和农产品价格指数保险等特色险种。

(三)建立畜禽处理联动机制。加强典型赔案宣传,增强广大农民群众的参保意识,加强病死畜禽无害化处理的重要性和病死畜禽产品的宣传。建立病死畜禽无害化处理联动机制,建立病死动物集中处理的相关配套设施、明确对大牲畜死亡运输成本补贴政策,提高补贴比例,简化补贴流程,将病死畜禽无害化处理落到实处,严防病死畜禽流入市场。应进一步加快建立病死动物集中处理的相关配套设施、政策措施,促进我市农业政策性保险高质量发展。

(四)建立公开督导检查机制。做到"五公开",即惠农政策公开、承保情况公开、理赔结果公开、服务标准公开、监管要求公开,切实维护农民群众的知情权、监督权,使政策性农业保险在阳光下运作,农户均等享受到国家政策性保险为农民带来的福利。要加大监督检查力度,对县区保险公司及基层服务站(网)进行全面督查,严防套取国家补贴资金,发现违法违规问题严肃处理,并作为下一年度招投标依据。要加强县区监督考核,将政策性农业保险执行情况纳入目标考核和农村基层党组织建设考核,确保政策性农业保险为农业生产和农民增收保驾护航。

(撰稿:王晓斌、吕筱恺)

庙庙湖村:脱贫攻坚引巨变　产权改革促增收

平罗县陶乐镇庙庙湖村,是自治区"十二五"时期由西吉县搬迁的1413户7211名农民建设的重点生态移民集中安置区,也是全市打赢脱贫攻坚、推进乡村振兴的主战场。近年来,庙庙湖村秉承"一年成一事,十年富一村"的理念,一手抓脱贫攻坚,一手抓美丽家园建设,不断深化产权制度改革,成立了股份经济合作社,在毛乌素沙地边缘改良3万余亩沙荒地,种植温棚瓜果蔬菜,逐步形成了集村庄、产业、休闲旅游、生态治理为一体的农业产业强村,原有建档立卡贫困户720户3910人全部清零,2021年被中央农办、农业农村部、中宣部等国家部委表彰为"第二批全国乡村治理示范村"。

一、主要做法

(一)不断拓宽致富渠道,增强产业造血功能。庙庙湖村立足村情民情,按照培育点、连好线、拓展面、全覆盖的方式,持续发展村级集体经济,聚力壮大乡村振兴产业基础。一方面通过农村资源与企业资源的合理配置和优化组合,围绕庙庙湖沙漠瓜菜特色产业链,填补庙庙湖村冬季沙漠瓜菜特色产业的空窗期,2020年至今陶乐镇共整合资金6546.5万元,其中:争取扶贫资金及衔接资金共4243.5万元,由村集体、企业及农户自筹资金2303万元,新建高标准四季日光温室123栋,

配套建设保鲜库(冷库)、田头市场、蓄水池及水、电、路等基础设施,为特色农业规模化、农业产业高质量发展奠定基础。另一方面引进新丝陆服装厂建设就业帮扶车间、村两委领办种植养殖合作社、成立劳务服务中心,有针对性地满足其就业需求,同时满足其就近就地就业的意愿。通过这一系列脱贫致富"组合拳",充分激发了农业农村蕴含的潜能,释放了壮大村集体经济的活力,农民财产性收入显著增长,村集体收入从2018年的131.53万元增长到了196.44万元,增长率达33%。

(二)持续深化产权改革,构建股权分红框架。2018年庙庙湖村以"资源变资产、资金变股金、农民变股民"的"三变"改革为集体经济发展方向,以村集体资产清产核资、成员身份界定、资产折股量化、股份合作制改革、集体经济组织登记赋码等为重点,成立了股份经济合作社。对于成员资格界定和股权设置等关键环节采取"张榜公示"的方式,确保整个改革过程民主公开、科学实施、公正透明,全村共配置7120股,其中:基本股4668股,家庭股1275股,贡献股3股,救助股106股,向全村1413户发放了股权证。庙庙湖村从2019年开始在平罗县率先进行股权分红,每年按照股份经济合作社收益情况制定分红方案,留取部分资金作为壮大村集体运营发展资金,再提取8%作为村两委班子奖励资金,剩余资金全部用于村民股权分红,农村集体产权要素被有效激活,实现了村集体和群众双赢。

(三)创新利益联结机制,破解农民增收难题。庙庙湖村通过创新村村联营、村企合作、企农利益联结机制,成立庙庙湖沙漠农业种植专业合作社和平罗

县沙漠番茄经济专业合作联合社,采取"扶贫产业联合党支部+合作社+企业+农户"和"联合社+企业"的运营模式,联合社与企业签订土地流转、技术管理、产销订单等合同,企业提供种苗、水肥、技术等,统一品种、统一标准,村集体经济与龙头企业捆绑发展,将群众和四个村集体捆绑到企业的产业链上,实现农民增收、农业增速、企业增效、村集体有收入,打响沙漠瓜菜一镇一品特色品牌,逐步走出了一条现代特色农业高质量发展之路,同时也让更多的群众感受到了改革的红利。2019年年底开始向村民发放股权分红,每股分红从2019年的152元到2022年的190元,人均可支配收入从2900元增加到了13980元,翻了近五倍,群众幸福感不断提升。

二、存在的问题

(一)人才匮乏+认知不足。庙庙湖村现居住村民以老年人居多,年轻人大部分外出务工,大多数村民无接受新知识、新事物的需求和意识,对于农村劳动力转移培训积极性不高,对于通过职能技术培训后外出务工的重要性和必要性认识严重不足。

(二)产业初级+拓展不足。主要表现为农业产业链短,产品转化能力不足;非农产业割裂,"农业+"模式尚未得到广泛有效应用;乡村产业融合过程中侧重经济功能,生态、文化等其他重要功能拓展不够,加之农业基础设施建设不到位,新型经营主体难以进入农业产业大市场。

(三)改革被动+参与不足。农民群众对集体经济的意识普遍淡薄,无集体产权意识,农村集体产权制度改革从"要我改"到"我要改"还存在一定差距。部分群众对本村产权制度改革过程成员身份确认和股权配置、本村集体经济组织发展和经营效果等情况还存在不清楚、不知晓的情况。

三、对策建议

农村集体产权制度改革是以习近平同志为核心的党中央作出的重大决策部署,是巩固和完善中国特色社会主义制度的必然要求,最终目的是壮大集体经济实力,增加农民财产性收入。推进这项改革向纵深发展,不仅要抓好改革的重点环节,而且要向改革要活力、要效益,形成"有机制、有人才、有资金、有路子"发展集体经济的良好局面。

(一)在思想认识上下功夫。农村集体产权制度改革是一场触及农村根本利益的系统性改革,关系重大、任务艰巨。要积极开展形式多样的宣传工作,全面、准确地宣传农村集体产权制度改革的重大意义、政策原则、目标任务和方法步骤,主动消除农民群众认识上的各种误区,充分发挥农民的主体作用,调动广大农民群众参与改革的积极性、主动性和创造性,不断提高干部群众对农村集体产权制度改革的知晓率和参与率,为改革顺利推进营造良好的氛围,奠定坚实的基础。

(二)在引培人才上做文章。继续推进农村经营管理体系建设走实走深,使懂经济、会财务的人员加入乡镇农经队伍,确保事有人干、责有人负。要加强农村队伍建设,加强"三农"干部队伍建设,培育壮大本地创新创业群体,鼓励大学生村官扎根基层,建立一支懂农业、爱农村、爱农民的乡村涉农工作干部队伍,保障工作和业务经费支出。加强新型职业农民队伍建设,通过业务培训、典型带动、名师带徒等方式,培育一支有文化、懂技术、善经营、会管理的新型职业农民队伍,为深化农村改革和全面实施乡村振兴战略提供人才保障。

(三)在三产融合上求突破。大力引进和培育一批农业龙头企业和农业项目,鼓励村集体经济组织利用当地生态、文化等特色资源,以社区、现代农业为重点,农文旅结合,走"生态兴村、文化兴村、旅游兴村"等新型发展路子,提高一二三产业科技创新、技术利用率,进一步提升农业科技总体创新能力,加快农业科技创新成果转化,全面助推农村一二三产深度融合发展。

(撰稿:杜立业)

深化集成改革　盘活资源要素

近年来，石嘴山市紧紧围绕农村产权"确权、赋权、活权、保权"，深化农村集成改革，着力破解农村资源要素流动不畅、市场体系不健全、开放不足等问题，有效盘活农村资源要素，促进城乡间土地、人才等要素双向流动，激发乡村发展内生动力。

一、主要做法

（一）聚焦确权赋能，推动农村产权应确尽确。一是确实权。在完成农村土地承包经营权、宅基地使用权、房屋所有权确权登记颁证的基础上，创新性地为农户和经营主体颁发了集体荒地承包经营权、农村土地流转经营权、设施农业用地使用权、集体经营性建设用地不动产权等权证，全市农村产权确权登记颁证范围已扩大至13项，农村各类产权实现了应确尽确。二是抓产改。全面完成了农村集体产权制度改革任务，成立村级集体经济组织195个，将村委会代行的集体经济管理职能剥离出来，明确农村集体经济组织管理集体资产、开发集体资源、发展集体经济等职能，赋予农村集体经济组织参与市场经济的主体地位。三是赋权能。出台《农村土地承包经营权自愿退出补偿暂行办法》《农村宅基地使用权流转交易管理暂行办法》《农村产权抵押贷款管理暂行办法》《农村集体经济组织股权管理办法》等多项政策文件，构建起强有力的政策支撑体系，赋予农村各类产权抵押、流转、退出等权能，为农村产权入场交易打下了坚实基础。

（二）聚焦资源盘活，深化农村土地制度改革。一是推动土地流转，促进适度规模经营。制定出台了《工商资本租赁土地从事农业生产经营准入监管暂行办法》，建立了经营主体准入、监管、考评、扶持、退出机制，严格规范土地流转程序，鼓励发展家庭农场、农民合作社和社会化服务组织，积极推动土地流转，全市土地流转面积达到59万亩，土地经营权有效放活、土地潜能进一步释放。二是开展宅基地制度改革，盘活农村闲置房地资源。实施平罗县新一轮国家级农村宅基地制度改革试点，建立"超占有偿使用、转让政府补贴、审批县域统筹、新增多元保障"的宅基地管理制度，创新推出"环境整治+""产业发展+""文物保护+"等多种闲置宅基地和闲置农房盘活利用模式，累计腾退闲置建设用地5000多亩，复垦耕地1500亩，复垦后的土地由村集体经济组织管理使用。三是推进农村集体经营性建设用地入市改革，实现与国有土地"同权同价"。明确农村集体经济组织作为集体经营性建设用地出让（出租）的权利人，采取"直接入市、调整入市、优先入市、整治入市"四种方式，推动农村集体经营性建设用地入市，实现与国有建设用地"同权同价"，累计入市集体经营性建设用地142宗1220亩，土地出让总金额7 818万元，村集体分享增值收益2376万元。

（三）聚焦要素流通，完善农村产权流转交易平台。一是成立组织机构。成立3个县级农村产权流转交易服务中心，设立22个乡镇级农村产权流转交易服务站，配备195个专（兼）职村级农村产权流转信息服务员，构建农村产权流转交易三级服务体系，就近为农户、农民合作社、农村集体经济组织等主体提供产权交易、信息咨询、资产评估、抵押融资等服务。二是搭建信息平台。探索农村产权流转交易"互联网+"服务模式，在通过手机App实现农村产权抵押贷款申请、审批、办理一站式服务的基础上，将土地承包经营权、"房地一体"不动产权等十大涉农产权纳入农村产权交易平台线上交易，交易全程可留痕、可追溯、可监督，实现"信息全覆盖，农民少跑路"，满足了农民和经营主体多元化需要。三是完善交易规则。制定《农村产权流转交易管理暂行办法》《农村产权流转交易规则》等制度和规范性文本，进一步规范农村产权流转交易行为，打造运作规范、运转高效、模式先进、品种齐全、风险可控的农村产权交易服务模式，确保流转交易规范、合法、公平、公正，解决了农村集体土地等产权私下流转交易不规范、集体资产流失、矛盾纠纷突出等问题。截至2021年底，全市农村产权流转交易额突破54亿元。

（四）聚焦支持保护，创新农村金融服务模式。一是政策性农业保险提速扩

面。在中央和自治区财政补贴险种的基础上，市财政强化特色产业支持保护力度，新增了西瓜、苜蓿等2个政策性农业保险险种，使我市的政策性农业保险补贴品种增加到16个，政策性农业保险的覆盖率进一步提高，有效保障了农业再生产能力。2021年全市政策性农业保险种植业投保面积97.73万亩，养殖业投保牲畜42.68万头（只），总保费5491.4万元，赔付金额3962.73万元。二是农村金融服务体系不断健全。银行保险机构通过网点建设、布设自助机具、流动金融服务等方式实现了195个行政村基础金融服务全覆盖，切实满足各类农业经营主体金融需求。银行机构成立了涉农领域金融服务专业团队，从授信审批流程、人员配备、考核激励方面都给予了相应倾斜。三是农村金融产品日趋丰富。设立农村产权抵押贷款风险防范基金，加快推动"土地贷""大棚贷""农机贷""奶牛活体贷"等金融产品创新，推进"订单农业+保险+期货+融资"试点，吸引更多的金融资本、社会资本和工商资本下乡进村。截至2021年底，累计办理农村各类产权抵押贷款2.58万笔15.65亿元，为农户和农业新型经营主体提供了有力的金融支撑。

二、取得成效

（一）促进了乡村特色产业发展。农村土地经营权、集体建设用地使用权等农村产权通过农村产权交易平台公开流转交易，农村土地的利用效率得到了极大提升。头闸镇西永惠村流转村民承包地1000余亩，按照"村集体+企业+合作社+农户"的运作模式，建设高标准瓜菜杂交制种示范园区，带动全镇制种面积达2万余亩，西永惠村被列为石嘴山国家农业科技园区制种核心区，制种产业已成为该镇特色优势产业。高庄乡东风村依托独特的地理位置和产业基础，将集体经营性建设用地入市交易获得的土地增值收益，用于仓储物流园和牛羊养殖基地等项目建设，有力推动该村物流产业和养殖业的健康发展。

（二）增强了农村社会吸引力。通过畅通土地资源要素渠道，放活土地使用权，实现了以地留人，有力推动产业落地、农业转型及融合发展。宁夏瑞丰源牧业股份有限公司抢抓农村改革机遇，通过农业设施使用证抵押获得1500万元贷款，资金主要用于扩大生产规模，完善智能化挤奶设施，带动了河东地区现代化奶牛养殖业快速发展。平罗县军瑞农副产品流通专业合作社交易取得灵沙乡灵沙村11.6亩集体经营性建设用地50年的使用权,带领村民干事创业,先后投资500万元建设加工车间,购置粮食烘干塔等设施,延伸农村产业链条,促进乡村产业发展,带动农民增收致富。

(三)带动了农民集体双增收。通过一系列改革落地见效,农村"死"资源变成"活"资本,农民和村集体享有更多的财产权利,有力促进了农民和村集体双增收。陶乐镇庙庙湖村和红崖子乡红瑞村生态移民区79.86亩闲置集体建设用地就地入市,村集体获得了56.24万元土地增值收益(庙庙湖村30.11万元、红瑞村26.13万元),村集体经济取得"第一桶金",同时以土地资源吸引2家服装加工企业落户建厂,带动1500名移民群众就业,移民年均增收2.5万元,实现了产业精准扶贫。惠农区红果子镇以发展全域旅游为契机,通过对村中闲置房地进行提升改造,引进10家绿色食品加工企业,打造29家特色旅游民宿,丰富了大地天香旅游景区产业业态,位于该镇产业发展核心区的马家湾村也成功搭上了致富增收的"顺风车",2021年全村农民人均纯收入突破2万元,村集体经营性收入达到50万元。

(四)改善了农村人居环境。通过农村产权交易,优化了土地资源配置,显化了农村土地资产价值,有效解决了乡村治理、乡村建设"钱从哪里来""地从哪里来"的问题。通伏乡通城村通过集中收储复垦农田周围58户农民的闲置房地,清理腾退土地152亩,将其中30亩土地通过调整入市的方式出让给绿康林家庭农场,村集体以获得的53万元土地增值收益用于乡村建设,着力发展稻鱼(蟹)产业综合体,昔日萧条破败的"空心"村庄实现了华丽的转身,如今已发展成为稻菽千重浪的美丽田园。姚伏镇通过农村宅基地制度改革试点,累计整治退出闲置房地779宗,清理腾退建设用地467亩,重新高标准规划建设生态宜居村庄,逐步改善农民居住质量和生活水平,努力实现城乡群众生活同质化,为"人往哪里去"和"可持续发展"找到了重要出路。

(撰稿:董明华)

特色产业显优势　农民增收有保障

——惠农区庙台乡李岗村发展壮大村集体经济典型经验

李岗村位于庙台乡东南部,辖7个村民小组,农户520户1466人,其中村集体经济组织成员1304人,共有家庭农场4家,合作社5家,可量化经营性资产500万元。近年来,李岗村集体经济组织依托土壤富硒、昼夜温差大的地理资源优势,以"一区域一特色、一产业一品牌"为重点,探索建立"村集体+合作社+家庭农场+农户"利益联结方式,与惠农区10家合作社、家庭农场联合引进5个蔬菜新品种、10多个西甜瓜品种,建成富硒蔬菜生产园区、国家级露地瓜菜核心区,李岗西甜瓜荣获国家农产品地理标志认证,成为当地名副其实的增收产业,带动农民通向致富之道。2022年,村集体经营性收入达61万元,农村居民人均可支配收入达1.94万元。

一、加强人才选育,建成一流支部班子

李岗村把建强乡村头雁队伍作为乡村振兴的坚实保证,持续在"选、配、育"上下功夫。一是通过走村入户,遴选致富带头人、大学生、退伍军人等有头脑、会干事的年轻人作为村级后备干部重点培养,通过换届选举,成功入选村"两委"班子,有效激发村两委班子干事创业的活力。二是依托"导师帮带"和驻村

2010年荣获
国家农产品地理标志

2021年"李岗西甜瓜"
入选第三批全国名特优新
农产品名录

2013年荣获全国
"一村一品"示范村

帮扶工作机制,积极对接农业农村、科技、水利等部门,补齐缺经验缺方法、缺思路的问题短板,有效提升服务群众、推动发展的综合能力水平。三是以支部主题党日为依托,坚持"引进来"和"走出去"相结合,利用冬季轮训活动,组织支部全体党员外出观摩兄弟乡镇党建引领移民致富发展成效,学先进的特色瓜菜种植技术、交流支部发展心得,全面开阔自身发展视野,提升乡村产业发展水平。

二、加强技术指导,建设一流示范基地

李岗村党支部引导广大人民群众大力发展西甜瓜种植特色产业,先后实施"三大三强"行动和"两个带头人"工程,涌现出了丁万平、刘占平、邹金科等一批党员致富带头人,这些农业"土专家"既掌握着专业知识,又具有多年工作经验,为广大农民群众上门送技术送服务,极大程度保证了果实品质。同时,李岗村集体经济组织积极与宁夏农林科学院、宁夏园艺技术推广总站等科研院所合作,建成李岗村西甜瓜生产技术试验示范展示区,在全区率先成立第一家科普e站,有力推动李岗村特色瓜菜产业迈上科技创新新台阶。截至2023年,全村共建成传统日光大棚121座,节能日光大棚10座,共种植露天西甜瓜350亩,温室西甜瓜26亩,为120多名农民提供就业岗位,其人均月收入可达4000元。

三、健全财务制度,规范合作组织运营

为规范合作社财务运行,惠农区农业农村部门指导李岗村集体经济组织率先实施村集体经济组织会计制度,聘用专业会计,使用网银支付手段,实现村级财务资金电子化管理和财务收支规范化运行。庙台乡党委、政府为进一步加强村级财务监督管理,探索建立"村账乡管"制度,不断完善规范财务层级审批、收支及监管制度,年终专门聘请第三方审计机构对李岗村所有财务科进行审计监督,形成利益共享、风险共担、全民监督的运行机制,全力保障各项资金财产安全。

四、发挥品牌优势,助推现代农业发展

为进一步扩大产品品牌效益,提升产品附加值,李岗村集体经济组织紧紧围绕"李岗西甜瓜"国家地理标志产品品牌,逐步发展成为区级西甜瓜标准化示

范种植基地，从源头上保证品牌质量安全。结合我国端午、国庆等传统节假日，针对性地向广大消费者及大型批发采购商推出"惠农区庙台乡李岗村瓜菜展销（开园）节"等节庆活动，不断丰富销售渠道、扩大品牌影响、提升品牌价值。不仅如此，李岗村用占地面积达43亩的12座温室大棚专门种植反季节西甜瓜，在元旦前后上市，让人们在寒冬腊月里依然可以吃上西甜瓜。冬季的西甜瓜一经上市，便受到消费者的认可与青睐，出现供不应求的局面，所以，李岗村2023年增加了反季西甜瓜的种植面积，有望在2024年元旦上市时满足消费者的更多需求。2022年，李岗村特色西甜瓜销售收入达262万元，进一步带动农民增收致富。

五、跨村联建，探寻集体经济发展新路径

为进一步探索壮大村集体经济新路径，不断丰富党建共同体新模式，惠农区委、区政府指导庙台乡东永固村、李岗村、通丰村等通过整合特色产业优势资源，成立了产业联盟联合党委，形成了产业经济共同体，构建出片区抱团发展的新格局。实现瓜菜玉米连片种植，统一施肥、统一打药、统一管理等"六统一"，先后建成东永固村"千亩枸杞"、李岗村"千亩果蔬"、通丰村"千亩玉米"，造就"千万产值"新典范。在产业联盟联合党委的统一领导下，庙台乡3个村集体经济合作社共同出资组建强村公司，有效盘活各村闲置资源，构建起"线下实地体验、线上平台销售"的产业发展模式，着力打造农旅、商旅、文旅相结合的美丽乡村新典范。

（撰稿：田慧珺）

石嘴山市探索推行"六种模式"
带动村集体经济快速发展

石嘴山市自2018年被确定为全国农村集体产权制度改革试点市以来,按照"建强基层组织、健全制度措施、盘活资产资源、加大扶持力度、注重示范引领"五项要求发展壮大村级集体经济,探索出了"产业带动、资源开发、村企合作、三产融合、股份合作、资产租赁"六种发展模式,有力带动村集体经济快速发展,全市村集体经营性收入10万元以上的村达到150个,村集体成员分红总额超过520万元。

一、产业带动型

村集体利用自有资源、流转土地,采取自主经营、创办合作社、股份合作等方式,发展特色瓜菜、肉牛肉羊等产业。如惠农区李岗村建设121座大棚种植西甜瓜,打造"李岗西甜瓜"品牌;村集体流转农民土地350亩,种植娃娃菜、甘蓝等,实现年经营性收入40余万元。惠农区聚宝村采取"党支部+合作社+农户+基地+市场"的模式建养殖园区,发展肉牛、肉羊产业。

二、资源开发型

村集体通过开发本村拥有的荒地、荒山、河滩、湿地、草原、沙漠等资源,发展乡村观光休闲旅游。如惠农区简泉村依托本村贺兰山下化石沟、蓄水水库等特有资源,开发观光农业、生态旅游和水上休闲娱乐等,每年为村集体增加经营收入15万元以上。

三、村企合作型

村集体利用经营性资产、资金,通过创办合作社或入股、参股农业企业等形

惠农区简泉村水上乐园

式,以企带村、以村促企,实现互利共赢。如惠农区西河桥村引进辽宁"九龙川"绿色食用菌生产企业,村生产、企业销售,合作发展绿色食用菌产业,每年增加村集体经济收入10万元。

四、三产融合型

村集体通过股份合作、创办、领办等方式,培育"一村一品",实现三产融合发展。如惠农区红果子镇马家湾村依托红果子绿色农产品加工园区、玫瑰种植基地、方歌农庄,大力发展农产品加工业、产品展示、休闲旅游,带活了当地经济,发展壮大了村集体经济,每年为村集体增加收入15万元以上。

五、股份合作型

村集体整合自有资产、资金和政府帮扶财政项目资金等,入股企业、合作社获取股金分红。如平罗县庙庙湖村股份经济合作社将7025亩承包土地入股宁夏华泰农农业科技发展有限公司,采取"龙头企业+合作社+贫困户"方式,发展温室瓜菜种植业,实现村集体经济年增收入40.5万元,村民每年劳务收入增加1000多万元。

六、资产租赁型

村集体利用城郊优势,盘活闲置资产,兴建农贸市场、宾馆、商业店铺、仓储设施等,通过自主经营或对外出租等方式获取收益。如平罗县城关镇合作村经营农贸市场、对外承包宾馆,村集体年稳定创收40万元。惠农区下庄子村建设集商贸、物流、餐饮、休闲等多种经营业态为一体的失地农民创业商业圈,吸引返乡人才,物业出租率达到70%以上。

（撰稿：王晓斌、丁　丽）

惠农区园艺村:城中村的致富经

园艺村位于惠农区中南端,东临惠农区万宇广场,南临沈阳路,西临惠安大街,北临康乐路,是典型的城中村。近年来,园艺村依托优越的区位条件,主动融入城市商圈,以商业、物业、休闲农业等新型经济元素加快集体经济发展步伐。2021年,园艺村集体经营性收入达307万元,位居全市前列,已连续三年为村集

园艺村股份经济合作社分红大会

体经济组织成员进行分红,累计分红近30万元,有力促进了农民财产性收入增加。

一、依托专业团队,高质量完成股权改革

园艺村将农村集体产权制度改革作为推动集体经济发展的重要抓手,通过"清产核资、资产折股、量化到人、分配股权、按股分红"方式,成立了园艺村股份经济合作社,建立了现代村级集体产权制度。为充分保障村民的合法权益,园艺村聘请了律师、审计2个专业团队,全程参与清产核资、股权设置、成员身份认定、集体经济组织成立等改革重点环节,确保改革程序合法合规,股权设置公开透明,村民利益不受损失。共核实经营性净资产2333950.48元,确定集体股1228.24股,占股比例为15%;成员股696人,占股比例为85%,村民成为股东,比以往更加关心村里的经济发展,纷纷为村级事业发展献计献策,共同推动集体经济发展壮大。

二、立足区位优势,高质量发展物业经济

园艺村依托城中村交通便利的优势,积极争取中央、自治区扶持壮大村级集体经济项目资金100万元,低价拿下修建高速公路剩下的渣料,将昔日污水横流的垃圾场打造为3万余平方米的大型货车停车场,规划建设车位200个,目

前，大型货车停车场及配套设施已逐步建成，每个车位每月可收取停车费150元，到2021年底停车场收入累计达100万元，带动失地农民、困难村民就业30余人。同时，主动接管慧园新村物业管理项目，服务小区业主，收取物业费及卫生费，目前物业收入累计达28万元，进一步拓宽了集体经济增收路径。

三、盘活闲置资源，高质量发展乡村旅游

园艺村积极盘活闲置用地，引进11万余平方米的田园综合体项目——园艺公社。园艺公社内种植了各种花果树5000余株，完成文化长廊、开心农场、乡村大舞台、民俗餐厅区、特色烧烤区、宠物交易街区等基础设施建设，建成集农事体验、休闲垂钓、果蔬采摘、水池景观、亲子游乐为一体的田园综合体，项目建成后，园艺村以每年4万元的租金租赁给合作方运营使用，目前，村集体通过该项目已获得收入25万元。定期举办游园会等活动，吸引石嘴山市本地、周边市县人群前来消费体验，活动期间，日均接待游客量1万余人次。为进一步丰富乡村旅游业态，2020年村集体投入50万元购买安乐桥早市经营权，完成市场内部标准化规范化建设，划分果蔬区、生鲜区、熟食区等7个区域，引进700多名商贩入驻经营，实现了乡村旅游吃住行、游乐购的一体化布局，到2021年底，村集体不但还清原市场30万元旧债，还实现了28万元的盈余。

（撰稿：田慧珺、董明华）

厚植红色文化底蕴 推动集体经济发展

平罗县黄渠桥镇黄渠桥村辖10个村民小组，510户，1685人，现有29名党员，耕地面积3769亩，是宁夏25处重要革命遗址之一，宁北第一个党支部成立所在地，自治区非物质文化遗产"黄渠桥爆炒羊羔肉""黄渠桥老豆腐"制作技艺传承地。近年来，黄渠桥村以非遗美食文化+红色文化+休闲旅游为抓手，深入

黄渠桥红色教育基地

挖掘红色资源、传承红色文化、发展红色产业、传承红色基因，不断推动集体经济健康发展，2022年，黄渠桥村集体经营性收入达到20.8万元，农民人均可支配收入21300元，先后被国家、自治区有关部门评为"全国乡村旅游重点村""红色美丽村庄试点村""全区乡村治理示范村"等荣誉称号。

一、固根基，筑牢乡村振兴"桥头堡"

黄渠桥村党支部致力于把红色筑实，充分释放"红色引擎"能量，选优配强村"两委"班子，择优选派第一书记和驻村工作队员，同时派驻选调生到村工作，红色村"一线施工队"功能更强，结构更合理。村党支部以红色美丽村庄试点为契机，实施育强一个红色党支部、建好一个红色文化展示台、研发一批红色旅游产品等为主要目标的"七个一"工程。按照"红色文化+产业振兴+乡村旅游"的发展思路，依托黄二完小宁北第一个党支部的旧址打造了"红色文化团结广场"和"低埂巷"老巷子红色旅游一条街，建成集黄渠桥历史文化展厅、廉政教育展厅、党史展厅、黄渠桥村党群服务中心、乡村振兴电商馆等于一体的综合红色文化教育基地，先后被自治区、市、县挂牌为"宁夏党史宣传教育基地""石嘴山市党史党建教育基地""社会主义核心价值观教育基地""爱国主义教育基地""国家安全宣传培训教育基地"，进一步擦亮红色文化底色。

二、优产业，点燃乡村振兴"新动能"

黄渠桥村始终坚持"党建+产业"工作思路，由党支部领办合作社，争取中央及自治区发展壮大村集体经济项目资金100万元，发展劳务社会化服务，从事餐饮门店垃圾转运、泔水粪污收集处理、公益设施维护等业务，2022年村集体经营性收入达到20.8万元。为进一步发挥黄渠桥特色美食小镇的品牌优势，依托"黄渠桥羊羔肉"全国农产品地理标志知名品牌，打造地标产品餐饮融合示范店11家，培育"两个带头人"15名，直接带动周边500名群众就近创业，成功举办"第六届黄渠桥特色美食文化节"活动，共接待游客10万人次，实现营业收入1336万元，切实鼓足了人民群众的"钱袋子"，广大人民群众的幸福感和满意度不断提升。

三、强治理，找准乡村振兴"定盘星"

黄渠桥村街景

黄渠桥村创新建立"班子分组联系、小组分片联系、党员分户联系"的"三分三联系"服务模式，由6名党员中心户联系服务300名党员群众，自发组建党员、巾帼、文艺、普法等6支志愿服务队，积极开展红色宣讲、扶贫帮困、环境整治、普法宣传等志愿活动近40场次，不断延伸群众服务触角，提升乡村治理效能，有效打通了服务群众、宣传群众、教育群众的"最后一公里"。2022年黄渠桥村荣获"石嘴山市年度最佳志愿服务社区（村）"荣誉称号。

四、护安宁，续写社会稳定"新篇章"

黄渠桥村以"党建+网格+村小组"为切入点，充分发挥村级综治服务中心作用，广泛动员"三委"成员、网格员、志愿者等力量，在全村范围内开展"拉网式"矛盾纠纷排查梳理，做到村不漏组、组不漏户、户不漏人，确保矛盾纠纷第一时间发现，第一时间化解。建立有机衔接、协调联动、高效便捷的矛盾纠纷多元化解机制，坚持矛盾纠纷周汇总、周上报、周研判，确保全村稳定和谐。针对不稳定因素分析研判、跟踪督办，确保各类风险防范在源头、化解在基层、消灭在萌芽。加强网格精细化管理,科学划分网格,统一网格编码,有效推动"多网合一",整合网络资源,强化服务功能,提高工作效能,实现网格服务管理的全覆盖、全天候、零距离,有效确保村民安居乐业、社会安定有序。

（撰稿：陈志远）

小店子村:做优特色优势产业　打造集体经济增长极

——看收入千万元村的嬗变之路

　　小店子村位于平罗县姚伏镇南部,109国道向东一公里处,因旧时过往客商住宿小店而得名。全村土地面积11072亩,耕地面积8418.07亩,以种植优质水稻为主。近年来,小店子村充分利用粮食种植历史悠久、灌溉条件便利、种植技术成熟的优势,瞄准市场需求,打通产业上下游,调优粮食产业,让传统特色优势产业焕发新活力,引领村集体经济再腾飞,2022年村集体经营性收入达到1300万元,首批跻身全市经营性收入千万元行政村行列。

一、建强组织班子,打造基层党建引领新示范

　　"农村富不富,关键看干部"。小店子村始终坚持党建引领,注重加强村党组织班子建设,重点从返乡人才、优秀农民工、大学毕业生、退役军人等群体中,选拔一些有担当、有文化、有想法、有闯劲的村干部,不断提升班子带富致富能力。村党支部坚持"夯实党建强基础,科学发展是方向"的理念,多次外出学习找市场,到上级部门争项目,定期举办"头脑风暴"会议,以"金点子"点亮发展新路子,村集体经济的发展壮大迈出铿锵步伐。5年内小店子村集体经营性收入翻了7.6倍,农民人均可支配收入翻了1.5倍,成功带领群众闯出"致富路",村党支部先后荣获石嘴山市五星级基层党组织、先进基层党组织称号,小店子村2021年成为自治区级文明村。

二、创新发展模式,激发双层经营体制新活力

　　积极探索"支部引领+合作社经营+院企合作+群众参与"集体经济发展新模式。依托中央、自治区扶持壮大村集体经济200万元项目资金,村党支部2017年领办平罗县小店子金福源农业

专业合作社,采取"保底收益+二次分红"办法,吸引63户农户以1058亩土地入股合作社,土地由合作社统一经营。同时,在全村大力推广水稻精量穴播、保墒抗旱直播技术,带动全村种植优质水稻7000亩,小店子村一度成为富硒水稻种植、优质高产水稻种植、水稻病虫草害防治等多个区、市、县示范性园区,村集体也成为引领百姓种植的"风向标"。小店子村在家庭承包经营基础上,积极创新发展模式,进一步激发了双层经营体制活力,为村集体经济掘得了"第一桶金",合作社当年实现盈余33.74万元,向入股农户二次分红5.13万元,带动农户户均增收1万余元。

三、打通上下链条,提升集体经济发展新水平

为进一步提升产品的附加值,小店子村瞄准优质水稻种植优势,打出了水稻产业延链补链强链组合拳,打通种植、加工、销售全产业链条,实现统一品种、统一生产、统一品牌、统一标识、统一销售。2017年合作社加入石嘴山市农产品协会,深入开展特色农作物示范区创建工作,成为平罗县优质粮食种植基地。2018年硬化5000余平方米晒场,建设2座230吨的储粮仓,购置1套大米加工设备,建成粮食生产加工车间,专门生产加工优质大米。同年注册"小店子"大米商标品牌,2020年获得"珍硒石嘴山"区域公用品牌授权,打响"小店子"生态富硒大米品牌。搭建电商、农超对接等网络体系,采取OTO销售模式,进一步拓宽产品销售渠道,让优质大米进入高端市场。小店子村逐步通过"致富稻"走上了致富道,加快了村集体资本、信息、渠道等原始积累步伐。

四、调优产业结构,挖掘村民集体致富新路径

用水权改革以来,小店子村积极主动作为,紧盯市场需求,及时调优产业结构,努力挖掘村民集体致富新路径。一是调整粮食种植结构。积极与宁夏农科院展开深入合作,建成480亩小麦新品种示范展示园区1个、500亩玉米示范园区1个、243亩玉米大豆复合种植园区1个,在小麦收获后又复种油葵、大豆、糜子,2022年粮食种植收入180多万元。二是发展粮食流通产业。采取"合作社+农户+企业"方式,与四川酿酒厂、陕西农业公司签订高粱收购合同,合作社向农户统一提供种子和种植技术,高粱成熟后实行订单保底价格收购,烘干后再统

一销往收购企业,2022年粮食流通收入超过1100万元。三是开展农业社会化服务。购置大中型农机具16台套,吸纳本村18名农机作业能手,组建专业化的农机作业服务团队,连续三年实施平罗县农业生产托管服务项目,2022年仅政府补贴一项就增加收入14万元。同时,以农药换秸秆的方式,每年收取服务农户秸秆、稻草2000多吨,加工成草帘、草条等产品后再销售,不仅拓宽了集体经济增收渠道,还为本村村民提供就业岗位50余个,实现了村民与集体收入双增长。

(撰稿:董明华)